U0135158

金3萬，馬上開業；3個月後挑戰月薪10萬！

當沖

庶民經濟新行業

上班族

黃唯碩

自序

　　股票當沖交易在國外金融市場十分盛行，交易量亦十分活絡，甚至有專門為不留倉的當沖交易者，提供可靈活槓桿的當沖額度與下單通路的當沖公司，讓有經驗的交易者方便地加入「造市者」的行列，而成為一種專業的工作。若投資人有老練的技巧，更能創造高收入的報酬！然而在國內看待投資較保守的環境風氣下，將之視為「投機客」「當沖客」，以「客」來稱呼當沖交易者，已先入為主地將其看成不能長久為之的行為，殊不知造市者積極參與，才是金融經濟正面的動力泉源，當沖操作不應被視為邪魔歪道。

　　個股在開盤第一個小時，也就是所謂「黃金交易時段」裡，量大人氣股或焦點新聞股的走勢不過就是那七八種的變化與走法（過了頭一小時或越到後面，常態量減少，會增加走勢判斷的難度），初學者可以視其為求學階段中某個學期必修學分的那種難度，想想看自己修過那麼多一點也用不到的課，這個學分是實際得多。每個交易日花兩小時研究檢討，至少花一小時看盤（特別針對九點到十點），只要勤於模擬與記錄，四、五個月後就能找到適合自己的進場的情狀，與獲利操作規則。心態若能平和，看

盤記錄也不一定要下單，所以並不傷本，一禮拜花不了太多的時間。輸家會成為輸家，多半是還沒靜下心來觀察研究個夠就進場，那當然會蝕本了。

資本主義國家對勞力輸出國的掠奪起源於工業革命，想想看國內扶持金援的產業，曾引以為傲的許多知名公司業績，是不是都讓我國勞力成為輸出品（只不過高收入的工程師可以以「高級勞工」稱呼）？另外，兩岸的和平進展，台灣地位反而被邊緣化，再不強盛人民正確金融觀念，發展國家走向金融大國之路，只會離民富國強越來越遠。

前言

筆者有勇氣寫這本書，並相信它在書架上看起來會與眾不同的原因是：筆者每每去書店，總會往商業財金區或暢銷排行區看看有沒什麼新書，關於股票這部份，99%的書都是在教大家如何波段操作（甚至那剩下的1%裡也有一半是在講波段的操作），買書看書的人投資經驗與年資都不同，如何分辨這書上寫的方法到底是有用還是沒用？只好買回去研究試試看囉！可是若是使用波段操作，等到你試出到底有用還沒用的時候，也許已經過了好幾年，更別說到底是作錯賠錢，還是運氣好沒賠！投資人的時間非常寶貴，我們都聽過不少投資人希望一切可以從頭再來，或可以返老還童回到年輕時期，讓我們能把過去投資的經驗匯聚成更有效率的動作。試驗的過程不能避免，但當時間流逝，可有人會清楚地去計算它的機會成本？

最好的作法是短時間內作高頻交易，才能快速地試驗出合時合人的方法。筆者一禮拜要下到700筆單以上，波段則是教人一禮拜進出不到10筆，哪一種能幫人早一點找到對的方法呢？盤一直在變，對的方法可用期限又有多久呢？進書局買書的人多半不是大戶，沒辦法等那麼久。

當沖交易要求當天了結買賣，只要有下單，當天就能知道自己嘗試的方法成功了沒有。股票一日內的走勢，以筆者來看就那不超過十幾種走法（如果抱三個月，股票的走勢會上千種），我

們求學時代唸的數理相關科目，公式可不只50個以上吧？只要每天進出十來筆，不出三四個月，大概就可以找出自己適合操作的模式。

有人問到，這麼短區間的操作，風險不是很高嗎？交易頻繁會不會賠得更快？各位可以問一下資歷超過十年以上大部份的投資人，當他（她）們耗盡投資歲月，最終才發現以前的方法有那麼多錯誤時，一路上賠的錢有多少？他們只是輸得慢，或許還可以安慰自己，但時間拖長，金額損失未必少，且失去時間的代價才是最慘的。這是一種慢性自殺，讓錯過的光陰無法再回頭。筆者勉勵投資人勇於操作擷取經驗，畢其功於短時期，如果可以成為未來長久的勝利者，短暫承受痛苦是值得的。

所以讀者們，您還會去拿架上其它波段操作的書，然後花一年、兩年甚至更多年，都還不知道結果會如何，還是願意嘗試筆者所鼓勵的，短期間聚精會神，雖承受極大壓力，但能快速得到正確答案的方法呢？

出了書店，看到樂透彩券行擠滿了排隊的人，除了因為累積了好幾期未中的彩金大得誘人外，傍晚的人潮會多於中午與昨天，主要的原因在於等下就要開獎，聰明的讀者你都不會去買六個月後才開獎的彩券了，那買波段操作書的意義又何在？

目錄

第六篇：解讀新聞　·153

第七篇：後記　·175

當沖
庶民經濟新行業
上班族

第一篇 觀念引述

■什麼是當沖上班族？

　　很多人學業完成後投入職場當個上班族，畢竟大多數人並非家大業大，可以一出社會就當小開或在家族企業就職，所以當個上班族好好安份地賺薪水，或是在好公司、公家機關工作，更不用擔心經濟風險，這在長輩及社會眼中才可說是正當行徑。因此許多年輕人被鼓勵「好好唸書」、「考公職未來生活才有保障」、「趕快投履歷去應徵大公司」、「好好找份正當的工作」……，我們從沒聽說過「準備以『投資』作為未來主要經濟來源」這種事是被支持允許。

　　被反對的原因在於：

1. 年輕人不好好工作哪有錢來投資？
2. 投資有風險，好好工作才能穩定財源。
3. 任何人都應該顧好本業，有餘力才從事理財投資的規劃。

　　以上論點的確很中肯，但是在聽完筆者的解釋後，讀者們或許會有一些不同的觀點。

　　我這本書講的「當沖交易」，並不是投資，而是利用高頻交易及交易技巧來在短時間內賺取每日（週）工作薪資（薪資高低與技術取決於個性心態、用心程度，也會隨投入的年資遞增）。一開始可能只需要一兩萬元即可以著手投入，與所謂的「投資」

不同，投資是一筆錢投入投資標的，等待獲利的滿足點後出場，需要時間與資金。許多市面的投資書標題寫得很聳動，要教你賺20%、50%、甚至100%，固然我們先不說這些書是否能幫助投資人達成獲利目的，初入社會的年輕人手上沒錢，能賺幾倍的方法似乎都像是寫給有錢人，但對年輕人而言，重點已經不是相不相信這些書籍的方法有用，而是苦無資金與漫長的累積資金時間。

例如：年報酬率穩定18%的投資方法，可以讓有1000萬投資部位的人得到180萬的年報酬，這聽起來似乎還不錯，但是對一個只有10萬的年輕投資人，我想一年多1萬8好像對生活沒有太大的幫助。所以我不得不說，這些書也許提供了不錯的投資方法，但不是真的對廣大的無資本庶民族群有效，理由我再白話地重覆一次：「因為你手上沒有1000萬，只有10萬！」

「投資」對無資金的年輕人是遙不可及的，不如來「上班賺鐘點」，可是進入股市風險那麼大，怎麼能說是賺鐘點？且「當沖」一詞無論是金融專業人士，或是一般大眾都認為是極大的投機，不要賠鐘點就不錯了！而且再加上有大小莊家抽利（交易稅、手續費），讓當沖看起來跟賭博無異！為何不去好好地念書，考就業考試？

這我能解釋。讀書、考試、工作都是正面的，因為都需要付

出時間與努力。沒有事情能不勞而獲，所以求學花了我們人生1/4的時間，讀了許多我們就業後根本不的相關科目先不說，您知道現在要找到好工作，從一畢業到有結果要準備多久？不論是剛入社會前幾年工作轉換的頻繁，或是面對公職及優質公司考試極低的錄取率，在家中準備個三五年都不一定能得到好結果，而且也相當耗時間。況且好公司的工作誰說就沒有風險？姑且不論公司會不會倒，一旦政策時局等環境改變，誰能保證工作永遠不會走下坡？未來福利一定不會變動？更別提會隨通膨年年加薪！

換句話說，如果大家覺得進入股市有風險，也可以問問走過職場幾十年歲月的人，好好地認真讀書找工作，不也是承受型態不同的風險嗎？做員工永遠有風險，你不會知道政策與主事者會怎麼變、怎麼走。年紀越長越不能承受工作上走下坡（尤其是收入有波動），比起投入求學的十數年時間，與找一生穩定的工作所必經的尋尋覓覓，為何不想想大家在這些觀念與期望中浪費了多少，只因為這些應乎了長輩交代的「腳踏實地」？

學習投資交易技巧一樣要花時間腳踏實地去養成，就跟讀書工作的過程需要付出一樣，沒有人與生俱來就有天份，且這對心態上的砥礪，是堪足以比擬人生裡各種難關，並不簡單，但比起大部份的人漫長的求學過程，再加上職場也許不見得順利的進程，養成週期比較短（當然短期內要承受相當大的心理負擔）。

練成好的技巧經營起步成為本業之後，別人無法拿走其成果，反而較一般就業穩定成長。投資人所累積的正確投資觀念可以成為傳家寶，但工作職位學位卻不可世襲，下一代都得要辛苦重頭來。

我在職場裡接觸到很多研究生，他們大多都背負著對未來的期望，不論是對好學校的期許，乃至推展到將來在就業市場裡的認知期盼，都讓這些年輕人肯定下心來孜孜不倦。但是就業不同於求學，職場與企業的景氣變化太快，影響人力資源的供應週期；現在產業是如此投入，未必將來就會如同現在所見景況。面對這些將來的未知，年輕人還是勇往直前，遵循社會對讀書、考試、到工作這一連串路徑的正面觀感，唸到大學研究所的所學內容卻往往對就業沒有直接幫助。大家都願意焚膏繼晷去拼十幾年，但是對投資理財那麼重要的事，就不太願意花精力來學，手上有一點錢，自己作點研究，一兩年內每天花個三小時，就以為自己可以成為股神，失敗了卻怪市場太難操作，這不是很奇怪嗎？

投資路上曾經受挫的人，別自怨自艾，你可曾計算你花在投資上的研究時間與觀察有多少呢？社會年齡與投資年齡難以在心理取得平衡的情形，幾乎在每個投資人身上都會出現，想想看投資者在往「錢」看的時候，有像就學時花那麼多努力與研究嗎？

終歸一句話,社會是鼓勵年輕人「好好求學謀職」而非「積極學習善理資金」,而社會金字塔總要有大部份的人在底層腳踏實地才會穩固。

總而言之,「學位」不能擔保你進入職場第二年以後的優勢;「工作」有可能因公司環境改變走下坡;「婚姻」會因生活壓力而難返昔日情懷,唯有「投資理財」才是一輩子的事。這麼重要的事卻因為資金與社會眼光的限制,常被以一句「等我賺到了錢再來投資」帶過,卻不知要經過親身試練才有可能進步,絕對不是等到有錢卻失去了青春才來創造。就好比我常聽到我的學生說「我要先看完書,再來算題目。」殊不知若以考試分數為前提,因為我們無法理解該看到什麼程度,才算是「看完書」,很有可能你覺得自己「看完書」後,還是一題都不會作,那你何必等看完書呢?應該要「先算(錯)了題目,才會知道該看、該研究什麼。」

用這句話來鼓勵在投資路上徬徨不前的新手,也祝福孜孜不倦屢戰屢敗,且孤獨不為人所了解的投資勇者。

傳統父母的觀念

我問過許多有小孩的父母，「您打算讓您小孩除了正常求學以外，還學些什麼呢？」多半我會得到這樣的回答：

「看他想學什麼，有興趣就供他去學」，

或「語言很重要」，

或「小時候可以讓他學音樂」，

或者「花多少錢補習都要把書唸好，才能出人頭地。」

由此可見父母愛孩子的心，不過這些想法免不了陷於窠臼的是：大部份的安排都是由於上一代自己缺乏，或自己覺得好的、重要的，所以想辦法要給予下一代。其實真相是「上一代不會知道下一代長大後真正需要的是什麼」。

因為無法預期未來，只能把這一代留有一些好印象的方向傳遞給下一代，殊不知將來與亞洲人息息相關的語言，可能不是上一代所認知的英文；也不細算學了音樂將來能成為下一個周杰倫的機率有多大；只是因為父母以前環境不好，唸不好書，所以覺得唸書重要；覺得上一代英文不好很吃虧；覺得以前有錢人家的小孩才有機會學琴……等等，就把這些東西或訊息傳遞給下一代。說真的，為人父母的，有時都自顧不暇，實在很難真正理解下一代需要什麼。

當然，反過來，如果父母認為不好的，一定會千方百計阻止：

「絕對不能賭博、吸毒、加入幫派」，這很好理解。

「絕對不要進入投機、吃人的股市」，這理由何在呢？

「因為爸爸媽媽玩股票輸了一輩子，賺錢賠掉很痛苦，所以你要好好唸書，好好工作。」

當然這麼說的人，是出於對子女的保護，可是回過頭想想，為何一輩子辛勞工作賺錢卻輸掉？不就像我前面所講的，求學工作都小心翼翼，拿錢進入股市卻不好好仔細研究、只會道聽塗說？花那麼多體力、精神、和時間賺錢，買股票卻幾乎都不長期觀察、用心學習，結果沒多久就賠光，這樣怎能怪罪遊戲不公平？

下一代還年輕，若從15歲起灌輸投資的觀念，求學的時期有機會要多看看國內外盤個股走勢及雜誌書籍，看個八年十年都不算久。省下那些為將來大抵都會荒廢的興趣付出的學費，當作畢業時投入投資市場的資金，讓下一代在投資理財的路上當一隻早鳥（我們都知道巴菲特從11歲就開始買股票），很多投資人都是在進場後才關心後續走勢（這是標準「我有錢才來玩」的錯誤觀念），但你寧願現在只有三萬五萬時，把它當作進入市場的學費，還是等將來存了三百萬，在什麼都不懂的情形下繳更貴的學費？

樣本數（關注時間）的累積才是造就日後績效的保證，這一代的父母也許來不及在年輕時把走勢看盡，可是下一代的日子還很久，他們可以看得更久、參與無數可預知的燦爛未來。例如在台灣1000元以上的股票可以空，大盤4000點以下可以買股，因為出現這些點位的時間都很短，都是我們曾扼腕地錯過的。我們參與的機會或許不再，但下一代還可以遇上很多次。

不可否認亞洲是全世界的勞力輸出區域，但歐美的資本主義，操弄數字遊戲才是整個世界金字塔的頂端，在台灣就算領高薪，也只是高級勞工，還是得兢兢業業害怕下個未知的到來。科技業大賺國外錢，賺的是別人不願意賺的產業或代工（跟韓國搶做面板Dram，最後成為賠錢的公司），但毛利率那麼低，根本就是被壓榨，只有金錢數字遊戲才能支配世界大部份的資源。

國王的兒子會成為王儲，但可悲的是，如果觀念不扭轉，就算辛苦了一輩子，奴隸的小孩還是奴隸，因為繼承了上一代不願突破的格局。如果哪天您不再年輕，會選擇怎麼做呢？

國內知名藝人小S老公許雅鈞家族，父親許慶祥先生早年能從已是高收入的醫生行業突破格局，轉入投資業，實是不可多見的先知先覺。許家家境富裕、父慈子孝、全家喜樂和善，這大半都歸功於上一代對家族長遠的規劃。

套句廣告詞：「以前沒有人告訴你，現在我來告訴你……。」

當父母的要幫下一代作好投資培育規劃，那才是下一代所缺的。就算孩子讀書求職都能順利，他日時局改變，還是需要這份能力不是嗎？

	找工作 轉工作 參加就職考試	學投資理財
所花時間	3～5年	全心投入2年
花費	補習費 待業費 （3～5年不見得少於10萬）	3～10萬
收入與發展	起初穩定 未來未知 不知能做到幾歲 （要看公司與管理者）	隨經驗與日俱增 即使80歲還是可以玩
對下一代	無關 下一代須從頭努力	留正確觀念傳給下一代， 累積上一代的經驗智慧 讓下一代變富
工作地點	要通勤 要準時打卡	在家打開電腦 隨時可休假

▌投資可以當工作？

「庶民經濟新行業」這一詞聽起來或許有些聳動，也讓人很難理解，為何投入股票市場可以發展成一項合理的工作？

一般人的想法是這樣：工作是穩定的收入，有了閒置的資金，在適當的時機才放比例來投資，因為再怎麼樣的高手都不能保證，投入一筆錢後，每週、甚至每個月都能獲利為正（保證長期平均或總合為正也許可以）。如果把這當成工作，那每月生活開支怎麼辦？所以在號子大廳，都是退休族利用閒錢在進出，你幾乎看不見年輕人的蹤影。

我這裡所講的「當沖上班族」，是要讓自己有日能練就到每個月都能有盈餘為正且豐厚的收入，才將之當成工作。在此成果未彰之前，都只能視為是練習階段，必須同時先有其它工作來替代生活支出與資本，所以也要花時間投入，慢慢養成技術，千萬不是拿了一筆錢進來玩就其它事都不做，若是如此，那反而會對這個階段的勝負患得患失，造成心理障礙或錯覺，拖長養成技術所需的時間。

我建議下面的這些條件，符合得越多越好：

1. 有下午以後或晚間工作的收入，即使是打工也行。

2. 家人的支持。通常這很難，因為你練習要花到錢，會拖累到家人，短期間內很難被認同。

3. 現在工作不好或待業中、想轉業，這會讓你沒有機會成本的考量，學生除了沒資本以外，時間很多，是最適合投入這個職業的對象，總比沒事做，必須隨便打發時間來得務實。

4. 要確認自己有不被輕易打倒的意志或興趣（因為沒有人知道你是否可能因多繞路，而要比一般正常練習修成正果花更多時間，時間越久越有信念動搖的問題）。沒有決心恆心撐到底的人，奉勸你看完此書後，好好地循規蹈矩過日子，不要進來這個市場玩。

5. 要有同伴一起投入，能給彼此心靈與技術上的扶持。走入這行會與人疏遠，因為很多事都要學習逆向思考，如果沒同伴討論，不論操作得好或不好，日子都會非常地難熬。

第二篇 新手開業

■什麼？當沖？

　　當日沖銷就是在一天內對同一投資標的完成一買一賣的交易，交易時間結束後不持有標的部位及其跟隨的風險。因為任何投資標的都會牽涉到隔日價格變動的情形，故當日沖銷就是投資者為了規避這種價格變動的風險，所作出的策略，期望能藉由技術操作，在當天賺得獲利價差的交易方式。

例如：

　　2012年2月17日，投資者黃老師一早在開盤前讀到以下這則新聞。

iPad 3相助 安可宸鴻勝華營運補

　　iPad 3規劃3月上市，帶動安可（3615）、TPK宸鴻、勝華等觸控供應鏈業績爆發，蘋果執行長庫克表示，平板銷量超越個人電腦（PC）是不可逆的趨勢，為安可、TPK等供應商長期發展吃下一顆定心丸。

　　TPK今年吃下iPad 3及iPhone 5的觸控面板訂單，由於蘋果占TPK營收比重超過七成，使得TPK今年持續受惠蘋果兩大產品的熱賣，3月營收將看到明顯成長。

　　法人認為，iPad 3上市呼之欲出，包括供應觸控面板的TPK及勝華，ITO玻璃的安可，以及觸控感應器的和鑫等，3月業績將看到比較明顯的成長，加上智慧型手機觸控的助攻，使得今年業績展望看好。

　　iPad的成長速度之快，前所未見，App Store早在iPad上市前就已運作多時，目前iPad專屬App高達17萬個；另外，iPhone早一步推出，讓消費者具備對多點觸控的熟悉度，都是帶動iPad熱銷的關鍵。

　　平板與智慧型手機都是採用觸控面板，尤其iPad是全球平板龍頭，拿下全球八成以上的市占率，在續看好iPad的成長性之下，可望持續推動蘋果觸控供應鏈的業績跟著沾光。

　　黃老師覺得觸控面板未來有新產品上市，帶來業績的利多，便在早盤開盤點附近490元價位融資買進（作多）十張F-TPK（3673即宸鴻），過了十幾分鐘，9點24分F-TPK或許真的受此效應激勵，股價攻到漲停價位506元。以早上買進價格來算，漲幅已經超越買進價格3%以上，黃老師決定在506元價位融券賣出獲利，這樣一買一賣的動作在當天完成就是當日沖銷。

獲利的價差：

（506－490）×10000＝160000（10張為10000股）

買進的交易成本：（券商手續費單邊是成交金額的0.1425%。）

490×10000×0.001425＝6982

賣出的交易成本：

（包含0.3%證交稅、0.1425%券商手續費、0.08%借券費。）

$506 \times 10000 \times (0.003 + 0.001425 + 0.0008) = 26438$

此趟當沖獲利：

$160000 - 6982 - 26438 = 126580$

　　這趟重點不在獲利的多寡，而是黃老師在高點出場，沒有動用到任何投資本金，避開了後面的股價波動（最低點來到481.5，收盤也只收在491）。如果沒有及時在高點的價位出脫，而只是等待，那這一趟的獲利的成果就等於化為烏有。

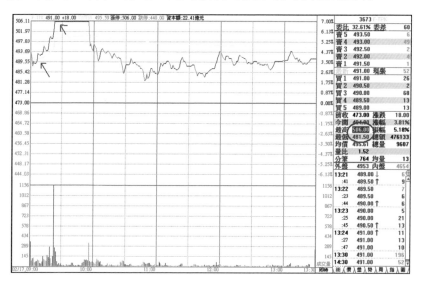

　　看完這個生動的例子，再來講當沖的優勢與好處，大家就比較容易了解。

　　所有投資工具都有的共通點，就是標的物價格會不斷波動。任何人都不能100%準確預測未來的走勢，因此市場上才會有不同的方式來規避投資風險。當日沖銷就是把停損停利設在一個投資者可容許的範圍內，讓價格波動的風險被妥善控制的一種操作方式。

　　剛才的例子，我們姑且不論若沒在高點出脫而失去的獲利價差，若非當日沖銷保留投資戰果，誰能保證隔日TPK的股價會不會一開盤就掉到490以下去了？所以當日沖銷所具有的優點有：

♠ 規避後續波動風險

　　由於操作當日沖銷時不會把任何資本留到明天，甚至下一刻，可以避開投資環境可能發生的任何風險。或許保留持股到明天可以持續擴大獲利，但也搞不好在進場方向看錯時承受更大的虧損，那花更多的時間等待就是在賭，而不是在投資了。這裡有句股市裡的名言可以讓大家品味一下：

明天與風險，哪一個先來到？

　　如果是風險，我們何必要等明天？當沖讓你可以今日事今日畢，正因收盤後我們可以好好休息，所以我們才能把交易比擬成上班族的工作。

「接下來15分鐘的價格好預測，還是接下來三個月後的價格好預測？」

　　這問題的答案雖然很明顯，可是有人還是覺得見仁見智，反過來問，如果你連接下來的15分鐘看板的價格會往哪一個方向波動都不確定，那你有可能確定三個月後價格方向會與你想的方向相同嗎？最好的方法就是，在有把握的時間內設好停利停損的範圍，在時限結束後讓新的交易重新再來。

　　找尋對的方向很不容易，如果你能在股價很低檔時就知道進場，而且知道它會走得很久，那你不是騙子就是已經涉及內線交易，市場不會讓今天在這裡翻開這本書的人那麼早知道真相，也就是說，公司的好或不好，你通常不是最先知道的。

↑ 低資本但可高槓桿交易

　　這是股票當日沖銷（期貨就不行了）最迷人的理由之一了，筆者上面舉的例子可能會讓一般投資者望之卻步，您也許心想：

　　「買十張490元的TPK，不含交易成本的金額要490萬，就算融資借錢買，也要40%的成本196萬，這哪是隨便一個有心想學的年輕人所負擔得起的成本呢？」

　　是這樣沒錯，但那是在你決定要把這十張股票留在手上，等

待明天以後更好的機會來獲利的前提下，才需要付出這些成本。如果是像剛才那樣，在當日高點賣出股票，完成當日沖銷整個過程，所需準備的成本或是戶頭裡在當日必須要有多少金額呢？

答案是「0元」。

很令人驚訝嗎？買賣成交金額一千萬附近，居然可以在戶頭一毛都沒有的情形下完成！唯一的條件是，你必須在券商開有當日成交交易金額以上的融資融券額度。當日沖銷所需的成本，在賠錢時只是價差加上交易成本（成交日後兩日才須付交割款，賠錢當然還是要付的，不然就要準備跑路了）；賺錢時則毋需任何成本。簡單講，就是買進的時候，我們不用從戶頭馬上拿出錢，賣出時所得到的款項會去抵銷買進所支出的金額，如果方向作得正確，隔兩日戶頭就會自動多出獲利的金額。

也許看倌覺得我講得天花亂墜，而馬上意識到這是一個放大槓桿的操作，覺得怎麼看都不可取，但我這本書不是寫給有1000萬資本的投資者，如果你有1000萬（口袋夠深），只要耐住性子肯花時間，市面上七成以上的操作書籍都可以教你如何波段操作（有兩成多是完全沒用的），根本不需要槓桿操作。我這本書是針對資本不到5萬的初入股市者，講得是要透過辛苦的練習，養成對的技術，去作高頻微利的交易，把自己當成在上班，所以盡可能在好機會出現時，藉由槓桿的放大，在很短能掌控的

時間內賺進低風險的微利潤。

話說回來，低資本的投入者所付出的代價，是需要耗費長時間的練習，與嘗試錯誤所承受的心理煎熬，所以當日沖銷的缺點簡單講就是：

  1. 技術不易養成；

  2. 要耗時一直神經緊繃地盯著盤面。

低資本的投資人不像大戶不愁每月有沒有收入，可以有大筆資金分批佈局或等行情，可以泡杯茶邊聊天邊看盤，跟波段操作比起來，就算技術養成後，當沖高頻交易也絕對是個會讓你耗盡精神的工作。試想，當沖技術如果那麼好，養成過程中一點痛苦也不用承受，只練個幾個月坐著敲一下鍵盤，錢就可以輕輕鬆鬆進戶頭，那大家就都想來做了吧！誰還要去做別的工作？所以，成功者必有為人所不知的艱辛過程。

▌信用戶開立與條件

前一篇筆者以買賣宸鴻的例子來跟朋友們介紹當沖的基礎觀念，但是實行時有一些細節與名詞要留意。如果要作當日沖銷，買進股票要以「融資買入」（非現股），賣出股票時要用「融券賣出」。因為當日的沖銷動作是以「資」與「券」在盤後會自動互相抵銷，如此戶頭才不會留有股票。現股是不會跟資或券抵銷的，所以當沖交易一定要使用到融資融券。

↟ 融資

股票市場裡，原本融資與融券的用途並不是為了要作當日沖銷，融資簡義是「借錢」的意思，就是買股票的時候並沒有支付全部的金額，而以股票作擔保品，向券商借部份的金額來放大槓桿的一種操作。如果以上市公司融資比例六成來算，買入一張100元的股票，原本要付10萬元，融資六成後，戶頭只要具備4萬元加交易成本，券商會幫你代墊其餘的6萬元。**趨勢多頭時，融資操作可快速擴大獲利戰果。**

當100元的股票上漲20%來到120元時，獲利的2萬相對於本金4萬就得到獲利50%的效果。當然，如果股價往下跌，虧損的速度也會放大得很快。

↑ 融券

融券是在投資人對個股前景不看好，覺得股價會向下修正時，手中無股票而向券商借股票先賣在價格的高點（100元），等待股價往下修正到低位（70元）時，再將賣出的的股票買回來還給券商，雖然是反向作先賣再買的操作，但一樣可以賺到股價往下波動的價差（30元）。有了融券使投資動作更為彈性，只要價格有波動，看對方向都有工具可以獲利。

但是要使用融資券，除了開立普通交易戶外，還得再具備一些條件、開立信用戶始得使用，開戶資格需具備：

◉ **身份資格**：須為年滿20歲有行為能力之中華民國國民。

◉ **普通戶狀況**：於證券市場開立受託買賣帳戶須滿3個月。

◉ **交易記錄**：最近一年內委託買賣成交筆數須10筆以上，且累積成交金額達所申請融資額度之50%。

◉ **財力證明**：須最近一年之年所得與各項財產合計後之財力價值達其所申請融資額度之30%。

◉ **財力證明之種類**：1.不動產所有權狀影本或繳稅稅單。

　　　　　　　　　　2.最近一個月之金融機構存款證明。

　　　　　　　　　　3.有價證券之持有證明。

額度級數與所需財力相關表如下（50萬額度免附財力證明）。

信用帳戶額度及個股融資融券限額（94年6月15日調整）：

（單位：萬元）

信用帳戶額度級數	整戶融資級數額度	整戶融券級數額度	個股融資上限		個股融券上限		交易紀錄	財力證明
			上市	上櫃	上市	上櫃		
B級	50	50	50	50	50	50	25	免附
A級	100	100	100	100	100	100	50	30
一級	200	200	200	200	200	200	100	60
二級	250	250	250	250	250	250	125	75
三級	300	300	300	300	300	300	150	90
四級	400	400	400	400	400	400	200	120
五級	500	500	500	500	500	500	250	150
六級	600	600	600	600	600	600	300	180
七級	700	700	700	700	700	700	350	210
八級	800	800	800	800	800	750	400	240
九級	900	900	900	900	900	750	450	270
C級	1000	1000	1000	1000	1000	750	500	300
D級	1100	1100	1100	1000	1000	750	550	330
E級	1200	1200	1200	1000	1000	750	600	360
F級	1300	1300	1300	1000	1000	750	650	390
G級	1400	1400	1400	1000	1000	750	700	420
H級	1500	1500	1500	1000	1000	750	750	450
I級	2000	2000	1500	1000	1000	750	1000	600
J級	2500	2000	1500	1000	1000	750	1250	750
K級	3000	2000	1500	1000	1000	750	1500	900

首先最需要做的是，先去開戶滿三個月，不然就要跟別人借戶頭玩，這樣滿麻煩的，再來才是想辦法慢慢擴大資券額度。

K線與操作方向

　　當信用戶也開好了，躍躍欲試地準備大展身手是令人很興奮的事，但是要怎麼決定買跟賣的動作呢？這裡簡單跟讀者介紹K線，在券商所提供的技術分析圖裡，會有每檔個股每天的K線，K線有紅綠兩種顏色，用圖來跟大家說明：

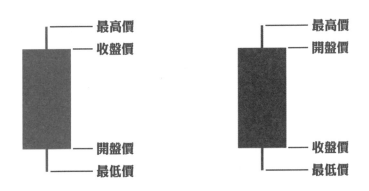

　　紅K表示當天股票的走勢是開低走高，收盤價大於開盤價，早盤要作融資買進的動作，等待股價到達高點再融券賣出。黑K（綠色K線）表示當天股票的走勢是開高走低，早盤就要反向先作融券賣出的動作，等待股價到達低點再融資買回。所以在盤前選標的時，如果有把握估算個股當天是黑K或是紅K，就可以找到當日操作的方向，下面把K線搭配走勢圖來說明。

日K為紅K時的操作：

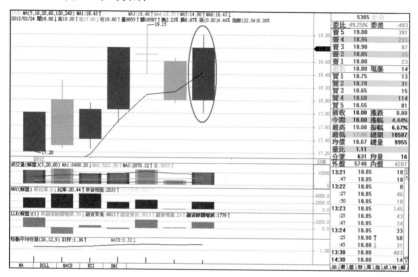

開盤價18元，最低價17.8元，最高價19元，收盤價18.8元。

下面是這根紅K線的日走勢：

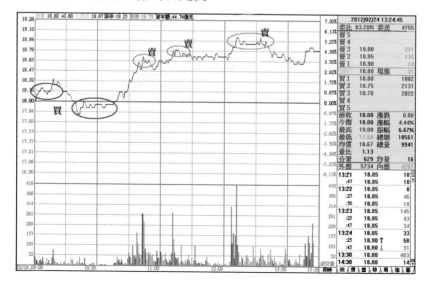

所以紅K的股票當天要作先買後賣的動作來獲利（股價出量上拉為賣點）。

日K為黑K時的操作：

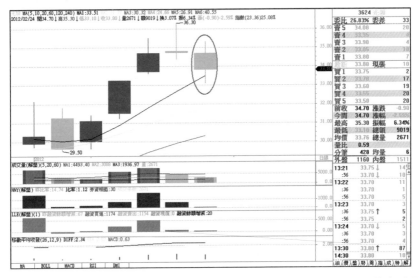

開盤價34.7元，最高價35.3元，最低價33.1元，收盤價33.8元。

下面是這根黑K線的日走勢：

所以黑K的股票當天要作先賣後買的動作來獲利（出量下殺為買回點）。

當然開盤時我們沒辦法100%確認個股今天走勢會是紅K或黑K，但是只要所選個股股性活潑，還是可以趁著波動與正確的預測來獲利。其實要找到成交量放大或股性活潑，或當日盤中的焦點股並不難，這樣的股票當天至少會有3.5%的振盪幅度，當沖操作者只要抓到3.5%中的0.45%的高低價差就回本了。想想看一天之中股價波動那麼大，每次進出賺整個幅度的2／7（1%）不難吧！重要的就是股票只要有波動，我們就有機會，所以作當沖並不是開盤進場、收盤出場，只能作一趟，盤中要是觀察到好的機會，到了高點就賣或放空，到了低點就買或作多。一檔股票其

實順利的話可以作到多趟（如下圖），因為機會多，所以也能支持我們作高頻交易的初衷。

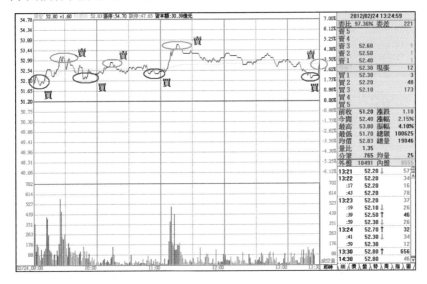

當然我們不是神，沒辦法一天內那麼精準地抓到每次的轉折，但是走勢若有這多的高低點，任何一趟對的判斷都可以幫助我們獲利。

下面是這檔股票的日K線：

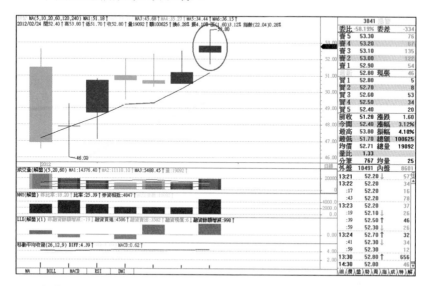

　　但如果只是開盤價買進、收盤價賣出（雖然方向沒有錯），但是等待一整天僅賺到很小的價差，如果對照日走勢，豈不是錯過很多好的進出機會？惟需注意除了台灣50成份股與中型100成份股外，其它的個股不能在平盤以下作券賣的動作，會有平盤價以下作多，當日沖不掉之虞（但平盤價上先賣券作空，任何點位都可以買回來）。

看盤頁面

　　券商提供的看盤軟體可以看到的東西很多，視窗的種類設計也頗人性化，但是針對個股看盤時，可以從軟體中挑出用下面圖示所介紹的幾個可看的部份。

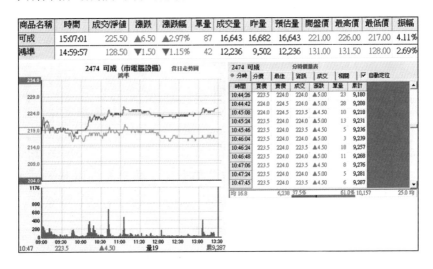

　　最上面欄位中有：

1. 商品名稱（當然不可以沒有）。

2. 成交時間：如果將來改成瞬間撮合時便不必要。

3. 成交價格：即價位。

4. 漲跌：以元為單位，與前日收盤價比。

5. 漲跌幅：個股目前的市價比前日收盤價漲跌的幅度，單日漲跌幅限制為7%。

6. 單量：每筆撮合的成交量。

7. 成交量：開盤到目前成交總量。

8. 昨量與今日預估量：盤中可比較看今日的量能有否異常。

9. 開盤價、最高價、最低價：與成交價比較，可知目前點位在今日大概的高低位置。

10. 當日振幅：可與所選各股比較今日是否股性活躍。

　　左側個股走勢圖中，上面中線為平盤價，上下界為漲跌停，最下面是成交量時間軸（灰線是將比較股走勢與主股疊圖作比較）。這裡可以看得到今日股價走勢的軌跡，以形成判斷後續走勢的依據。

　　右側圖為分時價量表，主要是看成交價與成交量的即時逐筆紀錄，可判斷瞬間量能。

2474 可成				
分時	分價	◉ 最佳	資訊	成交	相關
模式 ▼	買量	買價	賣價	賣量
1	243	225.0	225.5	35
2	50	224.5	226.0	335
3	118	224.0	226.5	58
4	197	223.5	227.0	685
5	283	223.0	227.5	28

　　另外還有一個東西叫「最佳上下五檔」，根據這圖顯示有人在225元的價位要買243張，要買224.5元的價位買50張，而右邊表示在225.5元的價位有35張要賣，以此類推，從這裡可以看出買賣盤的張數變化。

　　當然，不同軟體會有不同視窗的多樣組合，但是也請別忘了，光看盤是不能賺錢的！電腦頁面還得在進出場時，留一些下單視窗的空間。

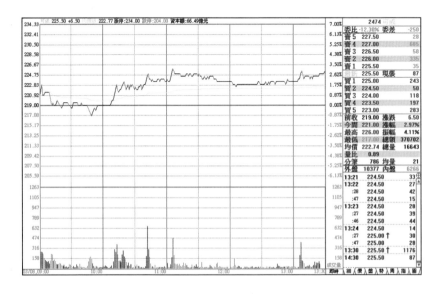

開盤前的自選觀察股

讀者或許最想問的是，可以資券當沖的股票超過800檔，那前一日要如何選定隔日觀察標的？筆者建議的選股條件不外乎：

1. 成交金額夠大：金額大進出才容易，成交金額少當沖時進出都會影響價格。

2. 振盪幅度要夠大：如果股價不易波動，就抓不到價差，且持有時間要拖長才能獲利，會增加風險。

3. 量爆增股：由於參與籌碼變多，隔日股性較活潑。

4. 漲停股（或盤下可當沖的跌停股）：易成為市場焦點，波動機會也大。

下面的圖是盤後選股的畫面，茲就圖來說明：

台灣　市櫃　行情排序成交額　畫面設定　　成交量比昨量放大，表示人氣夠

代號	商品名稱	時間	成交/淨值	漲跌	漲跌幅	單量	成交量	昨量	開盤價	最高價	最低價	振幅	資訊
2317	鴻海	14:58:52	111.00	▼3.50	▼3.06%	281	35,945	64,898	114.00	115.50	111.00	3.93%	資60券90平下融券賣
2498	宏達電	14:59:02	587.00	▼10.00	▼1.68%	76	4,615	8,462	599.00	605.00	587.00	3.02%	平下融券賣
2474	可成	15:06:46	203.00	▼5.50	▼2.64%	110	10,934	10,115	208.00	209.00	201.50	3.60%	
2330	台積電	14:59:13	85.10	▲0.20	▲0.24%	22	23,646	43,788	84.80	85.20	84.00	1.41%	資60券90平下融券賣
2454	聯發科	15:05:42	276.50	▼6.00	▼2.12%	58	6,239	12,627	282.50	282.50	275.50	2.48%	資60券90平下融券賣
8078	華寶	15:07:05	47.65	▼3.55	▼6.93%	15	25,090	14,752	51.80	51.80	47.65	8.11%	資60券90平下融券賣
2382	廣達	15:05:09	77.20	▼0.10	▼0.13%	7	14,874	31,197	77.30	77.50	76.10	1.81%	資60券90平下融券賣
2049	上銀	14:56:19	323.50	▼9.50	▼2.85%	27	3,523	6,138	330.50	332.00	323.50	2.55%	資60券90平下融券賣
2311	日月光	14:58:46	29.95	▲0.25	▲0.84%	33	35,757	25,766	29.50	30.20	29.45	2.53%	資60券90平下融券賣
2201	裕隆	14:58:20	53.00	▼3.40	▼6.03%	65	18,029	8,402	55.40	55.60	52.90	4.79%	資60券90平下融券賣
2412	中華電	15:06:08	90.90	0.00	0.00%	15	10,422	21,889	90.70	91.10	90.50	0.66%	資60券90平下融券賣
3673	F-TPK	16:53:02	473.50	▼4.00	▼0.84%	3	1,955	4,148	474.00	476.50	468.00	1.78%	資60券90平下融券賣
3008	大立光	15:09:34	558.00	▼22.00	▼3.79%	13	1,601	2,517	579.00	579.00	558.00	3.62%	資60券90平下融券賣
2450	神腦	15:05:43	128.50	▼9.50	▼6.88%	45	6,578	3,658	138.00	141.00	128.50	9.06%	資60券90平下融券賣
3005	神基	15:09:17	27.05	▼0.75	▼2.70%	47	31,450	55,927	27.90	28.30	26.88	5.40%	資60券90
6269	台郡	15:07:52	116.00	▼3.50	▼2.93%	8	7,512	7,097	119.50	119.50	112.00	6.28%	資60券90平下融券賣
1314	中石化	14:55:21	32.35	▼1.00	▼3.00%	154	24,502	33,338	33.40	33.80	32.10	5.10%	資60券90平下融券賣
3406	玉晶光	15:08:39	276.50	▼20.50	▼6.90%	31	2,703	3,319	286.00	293.00	276.50	5.56%	資停券停
2912	統一超	15:03:24	166.00	▲2.00	▲1.22%	3	4,338	2,242	164.00	167.00	163.50	2.13%	資60券90平下融券賣
2354	鴻準	14:59:42	117.50	▼4.50	▼3.69%	18	5,824	5,653	121.00	121.50	117.50	3.28%	資60券90平下融券賣
2409	友達	15:04:30	14.00	▲0.35	▲2.56%	260	49,252	92,964	13.65	14.00	13.55	3.30%	資60券90平下融券賣
6239	力成	15:10:24	57.60	▲0.10	▲0.17%	45	11,600	11,820	58.10	58.90	57.20	2.96%	資60券90平下融券賣
2357	華碩	14:59:45	277.00	▼1.50	▼0.54%	5	2,422	4,661	275.00	278.50	273.00	1.97%	資60券90平下融券賣
2105	正新	14:58:16	69.10	▼1.80	▼2.54%	49	9,647	3,426	69.40	70.00	68.70	1.83%	資60券90平下融券賣

　　找出所用券商軟體裡的「成交額（即成交金額）排行榜」，它會把上市櫃中成交金額最大的股票給排序，所以排在第一的鴻海是當日成交金額最大的股票，其次是宏達電。

　　再來嘗試找到「振幅」欄位（紅色圈處），建議挑選振幅超過3.5%以上的個股，波動性才足以構成可當沖的價格空間。在這一天可以選到的標的有華寶、裕隆、神腦、神基、台郡、中石化（玉晶光雖然振幅夠，可是是停資券的）。此外不能選為當沖標的的是台積電、廣達、中華電、F-TPK（褐色圈處），因為振幅太小，我們不能期望它明天會有大的波動。

接著把成交量（今量）與昨量放在一起比較，很快找出今日放大量股（藍色圈處），可以由圖上看到華寶、裕隆、神腦成交量都比前一天大。

「資訊」欄位（綠色圈處）提供資券訊息，「平下」是指平盤價以下可以券空（這是台灣50與中型100股才被允許），停資或停券在當日無法作資券當沖交易。

台灣 ▼ 市櫃	[持續持月] 漲幅度	▼ 畫面設定									13:34:24計算 2/100
代號	商品名稱	時間	成交/淨值	漲跌	漲跌幅	單量	成交量	昨量	開盤價 最高價 最低價	漲幅	資訊
2849	安泰銀	14:57:51	15.30	▲1.00	▲6.99%	6	927	438	15.30 15.30 15.30	0.00%	資60 券90
3021	衛展	15:08:07	14.55	▲0.95	▲6.99%	24	1,003	439	14.25 14.55 14.00	4.04%	
2718	桃園店	16:32:13	42.90	▲2.80	▲6.98%	2	75	132	42.90 42.90 42.80	0.25%	
1566	靜金	16:43:08	26.10	▲1.70	▲6.97%	5	665	391	24.40 26.10 24.40	6.97%	資50 券90
8906	花王	17:10:17	7.68	▲0.50	▲6.96%	1	113	70	7.50 7.68 7.50	2.51%	
8632	研勤	16:17:56	53.80	▲3.50	▲6.96%	3	567	260	50.30 53.80 50.30	6.96%	
9229	晟鈦	16:18:32	8.93	▲0.58	▲6.95%	1	377	44	8.93 8.93 8.93	0.00%	資60 券90
5516	雙喜	16:06:28	24.65	▲1.60	▲6.94%	35	550	528	24.65 24.65 24.65	0.00%	
8049	和盛	15:09:55	15.45	▲1.00	▲6.92%	8	10,748	11,793	14.45 15.45 14.30	7.96%	
8906	興達(變更交易)	15:01:42	17.00	▲1.10	▲6.92%	4	38	30	17.00 17.00 14.85	13.52%	
3373	熱映	16:30:12	38.65	▲2.50	▲6.92%	3	613	746	37.00 38.65 36.50	5.95%	資40 券100
4414	如興	15:00:33	8.98	▲0.58	▲6.90%	3	154	81	8.70 8.98 8.61	4.40%	資60 券90
4303	信立	16:06:27	10.40	▲0.67	▲6.89%	1	373	1,272	10.40 10.40 10.40	0.00%	
5279	胡連	16:11:53	57.50	▲3.70	▲6.88%	3	1,095	96	54.50 57.50 54.50	5.58%	資50 券90
5108	茂品	15:22:49	24.10	▲1.55	▲6.87%	3	4,056	506	23.20 24.10 23.10	4.43%	資60 券90
5114	翔昇(變更交易/分盤競價/處置)	16:05:37	5.29	▲0.34	▲6.87%	20	29	17	5.29 5.29 5.29	0.00%	變更交易 分盤競價 處置
4721	美琪瑪	16:05:51	27.30	▲1.75	▲6.85%	1	430	182	26.20 27.30 26.10	4.70%	資50 券90
5103	合邦(變更交易/分盤競價)	16:08:43	2.97	▲0.19	▲6.83%	3	10	4	2.97 2.97 2.97	0.00%	變更交易 分盤競價
8937	合騏	16:09:13	11.75	▲0.75	▲6.82%	9	394	69	11.00 11.75 11.00	6.82%	資50 券90
8931	大汽電	16:07:35	17.25	▲1.10	▲6.82%	3	1,603	192	16.50 17.25 16.50	4.64%	資50 券90
8066	致德(變更交易/分盤競價)	16:13:27	2.68	▲0.17	▲6.77%	20	53	29	2.68 2.68 2.68	0.00%	變更交易 分盤競價
2361	鴻友(變更交易)	14:59:49	2.37	▲0.15	▲6.76%	1	25	8	2.37 2.37 2.37	0.00%	變更交易
4419	松懋	16:10:00	11.85	▲0.75	▲6.76%	5	207	41	11.85 11.85 11.80	0.45%	
8623	富晶通	16:35:43	15.85	▲1.00	▲6.73%	133	238	134	15.70 15.85 15.70	1.01%	資50 券90
1468	昭和	15:04:43	11.95	▲0.75	▲6.71%	33	97	31	11.20 11.95 11.05	8.04%	
8933	愛地雅	16:06:07	12.05	▲0.75	▲6.64%	7	1,514	703	11.50 12.05 11.50	4.87%	資50 券90
1449	佳和(變更交易/分盤競價)	14:56:09	1.79	▲0.11	▲6.55%	1	11	5	1.59 1.79 1.59	11.90%	變更交易 分盤競價
9914	美利達	15:01:50	101.00	▲6.20	▲6.54%	9	5,435	2,296	97.00 101.00 95.80	5.49%	資60 券90 平下融券賣空
2259	美綠	14:59:46	9.72	▲0.55	▲6.57%	3	2,099	662	9.23 9.83 9.20	6.83%	

漲停股要從軟體中設選「漲幅度」排行，它會把今日漲幅最高股作排序，這裡首先要篩選出能夠資券的股票（藍色圈），再者成交量最好要數千張以上（褐色圈），隔日我們才有理由相信它會維持千張以上的成交量，否則量太小會不好進出。這一天選的股其實有點為難，因為張數雖有千張，但成交金額不夠大，還得要再作考量。

　　這裡也提供一些筆者的個人看法，投資人有人喜歡分析資券籌碼，有人喜歡看法人動態，但以筆者長期經驗來看，若作當沖，這些資訊都比不上價量關係，價量應是當沖選股與操作的首要觀察。

　　如果是初學者，可能還沒有那麼快開戶、使用到券商軟體，那「Yahoo!奇摩股市」和「聚財網」的網頁裡有成交值與漲幅度的排行，也可達到上面所述的部份功能。

Yahoo!奇摩股市：

http：//tw.stock.yahoo.com/d/i/hot.html

資料日期：101/06/08　13：30　**上市成交值排行**

名次	股票代號	名稱	成交價	漲跌	漲跌幅	最高	最低	價差	成交張數	成交值（億）
1	2498	宏達電	352.00	▼26.00	-6.88%	352.00	352.00	0.00	7,656	26.9491
2	2330	台積電	77.90	▽1.90	-2.38%	78.70	77.00	1.70	34,628	26.9265
3	2317	鴻 海	81.70	▽2.20	-2.62%	83.30	81.20	2.10	31,533	25.8618
4	3673	F-TPK	450.00	△4.50	+1.01%	450.00	437.00	13.00	4,361	19.4125
5	2454	聯發科	254.00	▽6.50	-2.50%	262.00	253.00	9.00	7,077	18.1288
6	2474	可 成	189.00	△2.50	+1.34%	191.50	187.00	4.50	8,458	15.9641
7	3406	玉晶光	217.50	△4.50	+2.11%	221.00	214.00	7.00	5,717	12.4333
8	2357	華 碩	287.00	▽4.00	-1.37%	294.00	287.00	7.00	3,203	9.3052
9	2382	廣 達	77.00	▽1.80	-2.28%	78.50	76.40	2.10	11,434	8.8463
10	2308	台達電	82.50	▽2.00	-2.37%	84.80	82.00	2.80	10,411	8.6346
11	2412	中華電	90.20	▽0.60	-0.66%	90.50	89.80	0.70	9,582	8.6254
12	8078	華 寶	36.15	△0.15	+0.42%	36.55	35.35	1.20	17,909	6.4515
13	3008	大立光	561.00	▽3.00	-0.53%	574.00	558.00	16.00	1,139	6.4461
14	2354	鴻 準	102.00	△0.50	+0.49%	102.00	100.00	2.00	6,346	6.4391
15	6176	瑞 儀	133.50	△2.00	+1.52%	134.50	131.00	3.50	4,624	6.1537
16	1301	台 塑	74.30	▽2.20	-2.88%	76.20	74.00	2.20	8,010	6.0110

名次	股票代號	名稱	成交價	漲跌	漲跌幅	最高	最低	價差	成交張數	成交值（億）
17	2886	兆豐金	20.80	△0.30	+1.46%	21.10	20.70	0.40	28,508	5.9535
18	6269	台 郡	113.00	△0.50	+0.44%	116.00	112.00	4.00	4,901	5.5754
19	2384	勝 華	15.70	▽0.25	-1.57%	16.20	15.65	0.55	34,459	5.4784
20	1326	台 化	73.80	▽1.50	-1.99%	75.80	73.30	2.50	7,265	5.3844
21	2409	友 達	11.25	▽0.45	-3.85%	11.80	11.25	0.55	45,011	5.1559
22	2353	宏 碁	29.60	▽0.75	-2.47%	30.15	29.60	0.55	17,045	5.0822
23	1227	佳 格	81.80	▽3.60	-4.22%	85.00	80.70	4.30	6,077	5.0058
24	2891	中信金	16.65	△0.15	+0.91%	16.80	16.35	0.45	27,868	4.6311
25	3035	智 原	36.90	△0.15	+0.41%	38.25	36.75	1.50	12,101	4.5364
26	2448	晶 電	58.60	▽1.80	-2.98%	61.00	58.30	2.70	7,488	4.4537
27	3045	台灣大	93.60	▽0.80	-0.85%	93.80	92.80	1.00	4,501	4.1905
28	1303	南 亞	51.40	▽1.90	-3.56%	53.50	50.80	2.70	7,811	4.0345
29	2458	義 隆	40.20	▽0.25	-0.62%	41.30	40.00	1.30	9,830	3.9862
30	1314	中石化	24.20	△0.15	+0.62%	24.30	23.90	0.40	15,927	3.8398
31	9945	潤泰新	42.10	△0.40	+0.96%	43.20	42.10	1.10	8,773	3.7382
32	2049	上 銀	289.00	▽1.00	-0.34%	293.00	288.50	4.50	1,124	3.2576
33	2325	矽 品	29.10	▽0.85	-2.84%	30.15	29.10	1.05	10,770	3.1723
34	2379	瑞 昱	52.10	▽0.40	-0.76%	52.50	51.50	1.00	5,973	3.1057
35	2002	中 鋼	28.00	▽0.15	-0.53%	28.05	27.80	0.25	10,942	3.0531
36	2912	統一超	154.50	△1.50	+0.98%	154.50	152.00	2.50	1,965	3.0139
37	4938	和 碩	42.00	▽0.75	-1.75%	43.00	41.80	1.20	7,121	3.0031
38	2881	富邦金	28.60	▽0.20	-0.69%	28.70	28.30	0.40	10,472	2.9891
39	2311	日月光	26.05	△0.10	+0.39%	26.10	25.75	0.35	11,469	2.9782
40	2823	中 壽	26.00	▽0.05	-0.19%	26.45	25.90	0.55	11,305	2.9648
41	2455	全 新	41.65	▽2.30	-5.23%	44.40	40.90	3.50	6,967	2.9368
42	3037	欣 興	32.00	▽0.15	-0.47%	32.20	31.40	0.80	9,072	2.8904
43	3005	神 基	23.00	△0.10	+0.44%	23.45	22.75	0.70	12,391	2.8547
44	1402	遠東新	29.00	▽0.80	-2.68%	29.55	28.95	0.60	9,128	2.6599
45	2883	開發金	7.10	△0.02	+0.28%	7.17	7.06	0.11	37,422	2.6582
46	3697	F-晨星	172.00	▽1.50	-0.86%	175.00	172.00	3.00	1,461	2.5276

聚財網：

http://stock.wearn.com/quav.asp

成交 量大 成交值 量增 增率 量縮 縮率

排	代號	名稱	開盤價	最高價	最低價	收盤價	成交量	成交值(千)	漲跌		漲跌幅
1	2498	宏達電	312.00	315.50	302.00	304.00	22,278	6,878,476	▼	18.00	-5.59%
2	2474	可成	190.00	192.00	183.00	185.50	22,671	4,256,823	▼	9.50	-4.87%
3	2330	台積電	79.90	80.30	79.60	80.00	45,026	3,603,085	▼	0.90	-1.11%
4	2357	華碩	272.00	276.00	265.00	265.00	6,293	1,685,919	▼	11.00	-3.99%
5	2317	鴻海	90.80	91.90	90.50	91.90	17,764	1,621,398	▲	0.50	0.55%
6	6176	瑞儀	138.00	138.00	130.50	134.50	11,735	1,571,182	▼	5.00	-3.58%
7	3673	F-TPK	354.50	359.50	353.50	354.50	4,280	1,524,538	─	0	0.00%
8	2354	鴻準	112.50	114.50	111.50	114.00	11,922	1,351,678	▲	2.00	1.79%
9	2382	廣達	79.10	79.70	77.90	78.50	12,976	1,019,452	▼	1.20	-1.51%
10	3406	玉晶光	218.00	218.00	212.50	214.50	4,542	976,949	▼	6.00	-2.72%
11	2454	聯發科	273.00	276.00	273.00	275.00	3,554	976,900	▲	2.00	0.73%
12	3008	大立光	575.00	585.00	566.00	575.00	1,623	932,669	▼	7.00	-1.20%
13	3697	F-晨星	193.00	196.00	193.00	193.50	4,185	813,529	▼	10.50	-5.15%
14	1301	台塑	76.70	77.50	76.50	77.20	10,067	777,014	▼	3.20	-3.98%
15	2412	中華電	95.00	95.40	94.90	95.40	7,517	715,412	▲	0.20	0.21%
16	2049	上銀	290.50	291.50	284.00	288.50	1,905	547,522	▼	4.50	-1.54%
17	2303	聯電	12.35	12.45	12.30	12.30	43,546	538,011	▼	0.70	-5.38%
18	1314	中石化	25.10	25.10	24.80	24.85	20,042	499,564	▼	0.50	-1.97%
19	6239	力成	62.60	63.90	62.60	63.70	7,588	480,301	─	0	0.00%
20	3045	台灣大	94.00	96.90	94.00	95.90	4,731	451,216	▼	4.10	-4.10%
21	2308	台達電	92.00	94.00	92.00	94.00	4,554	426,556	▼	0.10	-0.11%
22	2409	友達	12.00	12.05	11.75	11.75	35,370	419,520	▼	0.35	-2.89%
23	8069	元太	33.50	34.00	32.10	32.10	12,530	408,530	▼	2.40	-6.96%
24	3189	景碩	82.20	83.90	81.80	83.30	4,809	400,175	▲	0.30	0.36%
25	9914	美利達	119.00	126.50	117.00	126.00	3,103	382,066	▲	7.50	6.33%

台股09日 成交值排行前50名

26	2002	中鋼	27.90	28.05	27.90	28.00	13,155	368,175	▼	0.05	-0.18%
27	2353	宏碁	30.10	30.25	29.95	30.10	11,755	353,899	▼	0.35	-1.15%
28	6269	台郡	116.00	119.00	116.00	118.00	2,989	351,098	▲	0.50	0.43%
29	2384	勝華	16.10	16.25	15.80	15.80	21,848	349,756	▼	0.30	-1.86%
30	2392	正崴	60.70	61.50	60.30	60.90	5,703	347,910	▲	0.20	0.33%
31	8078	華寶	31.05	31.60	30.70	31.60	11,080	344,898	▲	0.55	1.77%
32	2105	正新	76.50	76.50	75.50	75.60	4,518	342,751	▼	1.00	-1.31%
33	8076	伍豐	43.80	43.80	41.75	42.40	7,921	338,608	▲	1.35	3.29%
34	3035	智原	41.90	42.10	40.80	41.00	7,947	328,863	▲	0.10	0.24%
35	2458	義隆	47.60	47.65	46.80	47.30	6,896	325,707	▼	0.20	-0.42%
36	1722	台肥	67.80	68.00	66.30	66.30	4,713	315,894	▼	1.90	-2.79%
37	8299	群聯	232.50	235.00	227.50	230.00	1,362	314,618	▼	2.00	-0.86%
38	2890	永豐金	11.70	11.70	11.35	11.35	27,399	314,076	▼	0.40	-3.40%
39	2886	兆豐金	22.70	22.75	22.45	22.60	13,412	302,919	▼	0.25	-1.09%
40	2311	日月光	25.00	25.25	24.90	24.95	11,938	298,724	▼	0.40	-1.58%
41	6121	新普	206.00	207.00	202.00	206.00	1,446	294,737	▼	2.00	-0.96%
42	3005	神基	24.50	24.80	23.45	23.70	11,816	284,168	▼	1.10	-4.44%
43	4938	和碩	38.75	39.25	38.40	38.55	7,206	279,086	▼	0.85	-2.16%
44	2347	聯強	72.10	72.60	71.70	71.80	3,717	267,452	▼	1.20	-1.64%
45	2823	中壽	28.60	28.95	28.60	28.75	9,297	267,448	▼	0.05	-0.17%
46	3231	緯創	37.50	37.95	37.50	37.75	7,044	266,086	▼	0.15	-0.40%
47	2448	晶電	65.70	66.30	64.00	65.10	4,045	263,284	▼	1.30	-1.96%
48	1326	台化	75.00	75.60	74.90	75.00	3,484	261,859	▼	0.80	-1.06%
49	2325	矽品	32.15	32.35	31.65	31.70	7,984	255,375	▼	1.40	-4.23%
50	2406	國碩	25.30	26.10	25.25	25.80	9,394	242,044	▲	0.85	3.41%

■ 細算交易成本

　　不論當沖或波段，買賣完成後都必須支付交易成本，其中包含：

1. 手續費：買與賣都是成交金額的0.1425%，合計0.285%，但有議價彈性。

2. 證交稅：賣時才要收成交金額的0.3%，未來可能會有機會調降，但無彈性。

3. 借券費：成交金額的0.06%～0.08%，必須爭取到免收。

　　完全沒折扣時必須面對近千分之七的交易成本，要是多進出幾趟，獲利很容易被侵蝕。這篇就是要跟大家介紹市場目前合理的情形，來幫大家省下沉重的交易成本。

　　手續費的部份，首先要當當沖客，必須要使用網路電子下單。如果是打電話請營業員下單，手續費會沒折扣，那差別是很大的，而且當沖就是講求眼明手快，等電話撥通、講完、再下單，可能就要很擔心失了先機。券商網路電子下單手續費都是普遍給予至少六折的折扣（馬上少掉0.285×0.4＝0.114%），所以有時我看到營業員接電話下單，都覺得很奇怪，大家在日常生活輜珠必較地節省，大的地方卻不在乎。當然有些是直接手續費收很低，這關係到券商的大小，券商較大，據點較多，會較沒有

折扣的彈性，但下單系統會比較牢靠，資券的供給也會比較充足。

再來就要以大成交量來爭取券商給予你手續費折扣，月成交量若穩定在3000萬以上，都有手續費5折以下的空間可談。若是1億以上，那就可以在市場上比較一下，甚至有比市面上看到2.8折更低的空間可談。以月成交5000萬而言，二十多年作下來5折與2.8折成本會差到近500萬，這可是一筆為數不小的退休金，既然已是當沖客，每日不停地交易，為何不積極去爭取這筆錢？筆者認為若將來證交稅有機會調降，交易成本降低，主力作量成本變低，當沖客積極加入，會使成交量逐漸變大，到時券商高比例折讓勢必不會為常態，還是趁早與券商達成默契，以防未來折扣策略的緊縮。

但是要注意的是提供高折讓的券商，都是成交時先收足手續費全部款項，次月才退折數金額入戶頭，所以作交易量大的當沖交易，其實大部份的時候，賺折讓所退的金額其實就非常足夠。

另外借券費的部份，只要是當沖操作，量不用很大就可直接跟券商爭取全免。這不像手續費的爭取需要談許多附帶條件，免券的需求很容易達成，所以一開始就要主動要求，還有借券費不需預收再折退，免券費後當日帳單就不會含借券費這一筆。

日期	股票	交易別	股數	價格	手續費	交易稅	利息	券手續費	借券費	追繳金	入扣帳	損益
11/07/0	凌巨	資 沖	3,000	13.70	58	0	0	0	-	0	-41,158扣帳	-41,158
11/07/0	宏環	資 沖	11,000	22.25	348	0	0	0	-	0	245,098扣帳	245,098
11/07/0	康舒	資 沖	4,000	22.75	129	0	0	0	-	0	-91,129扣帳	-91,129
11/07/0	華通	資 沖	20,000	14.60	416	0	0	0	-	0	-292,416扣帳	292,416
11/07/0	冠德	資 沖	5,000	27.80	198	0	0	0	-	0	139,198扣帳	139,198
11/07/0	光磊	資 沖	4,000	18.05	102	0	0	0	-	0	-72,302扣帳	-72,302
11/07/0	力麒	資 沖	6,000	17.35	148	0	0	0	-	0	104,248扣帳	104,248
11/07/0	宏環	資 沖	2,000	22.20	63	0	0	0	-	0	-44,463扣帳	-44,463
11/07/0	光磊	資 沖	2,000	18.15	51	0	0	0	-	0	-36,351扣帳	-36,351
11/07/0	康舒	資 沖	3,000	22.80	97	0	0	0	-	0	-68,497扣帳	-68,497
11/07/0	力麒	資 沖	3,000	17.35	74	0	0	0	-	0	-52,124扣帳	-52,124
11/07/0	宏環	資 沖	1,000	22.25	31	0	0	0	-	0	-22,281扣帳	-22,281
11/07/0	光磊	資 沖	2,000	18.15	51	0	0	0	-	0	-36,351扣帳	-36,351

總價金	24,785,550	交易稅	37,264	淨入帳金額	159
利息收入	0	追繳金	0	總損益	159
利息支出	0	買進總股數	475,000	賣出總股數	475,000
手續費	35,227	買進總金額	12,356,450	賣出總金額	12,429,100

　　這張交割單裡，當日結算獲利159元還不夠買一日三餐，但
是次月券商會把所收的手續費，按約定好的折扣退到戶頭，那才
是大部份獲利的來源。

　　35227元的手續費如果以5折來算，會退17614元；如果以
2.8折或更低來算，會退到25364元或更多。即使當日結算帳面
是小負，有時因為手續費的高折讓，所以也不會影響到獲利目
的！

第三篇 學理背書

p檢定（尋找一個會獲利的方法）

不論是當沖或是波段交易，我想每個人都有自己一種感覺到適當時機的的出手點（當然有的人出手理由很薄弱），我希望那不是我常聽到的「憑我的經驗，現在進場贏面滿大的。」什麼叫「滿大的」？大小是人的一種感覺，也常是錯覺，再加上人的投資情緒常會忘掉不愉快，一次成功進出的喜悅，會洗刷掉前八次九次錯誤的難過，所以贏的經驗很常被記得，卻也常常被錯誤地質化。明明一個很簡單的「量化」動作，就可以替代只靠情緒判斷，而讓人清楚了解這樣的方法繼續作下去會不會贏錢，可是卻很少有人記得要這樣做。

$$勝率\ P = \frac{達到獲利點出場次數}{出手總次數}$$

這是高中或大學數學或統計裡簡易的古典機率，沒學過的人也一看就懂，用這個還說不上是公式的除法，馬上就知道投資者在同一種進場點出手獲勝的機率。

也就是說，我們每個人可以先選擇各自覺得好的進場時機的方法，諸如基期高低、消息、籌碼、長短期技術指標、基本面展望……等等。市面上也有一些大師作家提供的進場時機指標，然後還不一定要真的進場，可以用一種固定的方法模擬或試單，多重複測試來看這種方法的勝率有多高。

例如：1. 某K股只要跌到18元以下就買進，

　　或2. 只要KD低檔黃金交叉就買進，

　　或3. 只要爆量留長上影且資增就作短空。

　　以上我只是舉例，每個人所選的指標會有所不同，一段時間後，就會有一個分母還不算小的勝率。這裡有個細節要提：出手數好算，但既有所謂「達到獲利點出場次數」，當然也會有「達到停損點點出場」的機會。

　　以波段操作為例，進場後設15%滿足停利、8%停損，停利點先到的話，這次就算成功；停損點先到就算失敗。當然停利一定要比停損設得嚴（例如8%停損、15%停利），以免勝率高卻賠大贏小，就是因為設得嚴格，所以也才會對好方法有所要求。

　　作這樣的計算與紀錄是必須的，而且要養成信任數字，而不是自我感覺的習慣。我常看到投資者進出場以「質化」的角度來衡量成果，所謂的質化是指進出後只論輸（以0表示）贏（以1表示），而不去量化輸贏的大小，這樣是不可能會賺錢的。太在意每筆進出是勝或負，往往會只求勝的感覺，造成小賺時無論如何都要出場保持勝果，絕不可能抱到大賺；小賠時怎麼也不肯認輸，認為自己只有輸這筆，別筆還是賺的。這種只在乎質化的結果，解釋了市場投資者為何總是賺小賠大。

　　試想五筆交易中四筆成功，每筆賺兩元，一筆失敗賠十二元，總和還是負的。找尋往後操作好的獲利方法的重要原則其中之一，就是停利的範圍要比停損的範圍抓得大，然後以這個嚴格的原則來測試每個新方法的勝率。

　　一個好的波段操作進場點，只要有0.55的勝率，長久便能獲利。要找大於0.55的方法不難，種類也很多，端看投資者的習慣，但當沖者要求較高，可能勝率要0.75以上（通常四筆等金額的單裡，賠1筆要用2～2.5筆賺的來抵銷），長期才能獲利。這是因為交易頻繁墊高成本，且操作要快速靈活，這不僅是單單停損、停利兩個動作，還有分批、加減碼等複雜的技巧，所以必須要求0.75以上，0.75以上的勝率方法不好找，所以當沖者得要有耐心地花段時間來找。

　　那麼最後的問題是，長期試驗了一段時間後，波段勝率如果已經有0.6，當沖勝率有0.84了，這時該相信這個方法可用，可以勇往直前了嗎？這樣的勝率會不會僅是假象呢？我要介紹我本業裡的方法，讓大家只要把這篇的動作作好，以後不需擔心有錯覺，有統計的理論支持，會讓你無所畏懼，盡情地前進。

　　商科統計學裡有一章節教我們如何對勝率p來作值得信任檢定，它的內容大致如下：

　　因為一次進場的結果有兩種，停損或停利，在統計上被稱為

「百努利試驗」，其中成功（也就是停利）的機率為p，要檢定一個方法勝率p是否如我們預期地大，是p的右尾檢定，這個檢定所需要的量的理論基礎是中央極限定理。在這裡對學理來龍去脈有興趣的讀者，可以參閱後篇所附內容〈中央極限定理〉，我們先不在此敘述過程，只給結果。

$H_0 : p = 0.55$
$H_1 : p > 0.55 \qquad \alpha = 0.01$

當 $Z^* = \dfrac{\hat{p} - p_0}{\sqrt{\dfrac{p_0 \cdot (1 - p_0)}{n}}} = \dfrac{\dfrac{x}{n} - 0.55}{\sqrt{\dfrac{0.55 \cdot 0.45}{n}}} > 2.326$ 時（其中n是出手

數；x是成功數），我們有充份證據相信p確實大於0.55。

我幫大家移項後，以n＝100來計算，只要能找到出手100次中有x＝67次以上成功的方法，那就可以閉著眼睛下單，統計學理可保證你幾乎不會輸。

其實筆者設 檢定錯誤的機率是稍嚴格了些，但67次提供了相當安全的保證，而且停利範圍只要比停損範圍設得稍大（不一定要大很多），上面所講的數字都可以採用。

註：

用白話來解釋就是，用上面的程序找到成功率顯著得高的方法，並長期執行下去，100個人裡面大約只有1個人會有賠錢的風險，是一個可以相信的信賴度。

但如果是作當沖，這個好的方法就比作波段難找了，因為必須要求p＞0.75才能穩定獲利。

$$H_0 : p = 0.75$$
$$H_1 : p > 0.75 \quad \alpha = 0.01$$

當 $Z^* = \dfrac{\hat{p} - p_0}{\sqrt{\dfrac{p_0 \cdot (1 - p_0)}{n}}} = \dfrac{\dfrac{x}{n} - 0.75}{\sqrt{\dfrac{0.75 \cdot 0.25}{n}}} > 2.326$ 時（其中n是

出手數；x是成功數），我們有充份證據相信p確實大於0.75。

我在幫大家移項後，以n＝100來計算，要能找到出手100次中有x＝85次以上成功的方法，這樣看來，要找正確的當沖操作方法的確難上很多，但如果找得到那也可以不用怕去下單，一百多年以來的統計學理可以為你的獲利作背書。

高頻微利交易的秘密（確保月薪的機率）

筆者此段以中央極限定理與合理的假設來分析，每個月作一筆績效不錯的波段單，與作很多筆（200筆）微利潤的當沖單，哪一種能穩穩地賺到薪水？

上班族不能某個月賺得很多，而某個月要喝西北風，必須穩健地獲利很重要，而且從說例中也可以發現，中央極限定理能闡述積少成多的重要性。

假設一個人每月作一筆單，停利設+16%、停損設-8%，平均獲利率為8%，標準差是全距的1／6為4%（長期來講績效算不錯了），把獲利報酬率設為變數Y，依經驗法則我們假設Y是常態分配，就會有：

$$Y \sim N(\mu = 0.08, \sigma^2 = 0.04^2)$$

我們來計算一下，看看對於資本只有40萬的上班族，容不容易賺到基本月薪4萬，這相當於月報酬10%的利潤。算下來後發現，能賺到這筆錢的機率讓人很擔心。

$$P(Y > 0.1) = P(Z > \frac{0.1 - 0.08}{0.04}) = P(Z > 0.5) = 0.3085$$

從算式中表示，在十個月裡面大約只有三個月能順利賺得到10%。（這裡的訴求是針對當沖上班族，是只有小資本的族群，

目標要有基本穩定的收入。上面所算出的0.3085是刻薄到難以度日的機率,與大戶大資本也許1000萬只要月賺個1%就為數不小的立場不同。)

但是如果作高頻當沖交易,一天進出10檔,一個月200檔,可以用積少成多的方式來讓這個基本目標輕易達成。 是每檔股進出的獲利率,停利設+2.0%、停損設-1.6%,平均為0.2%(千分之二小到根本不會有人覺得你是會操作的人),標準差0.6%,把X設成是200筆單的獲利總和,這時可以寫成:

$$X_1, X_2......X_{200} \overset{iid}{\sim} f(\mu = 0.002, \sigma^2 = 0.006^2)$$

而 $X = X_1 + X_2 + X_3 + ... + X_{200} = \sum_{i=1}^{200} X_i$

跟上面波段單比起來,每筆單的風險(標準差)更高是平均數的三倍,可是這時要達成同樣「每檔40萬的單,賺到4萬(10%)基本薪資」的機率卻是:

By C.L.T $X = \sum_{i=1}^{200} X_i \sim N(\mu = 0.4, \sigma^2 = 0.0072)$

$$P(X > 0.1) = P(Z > \frac{0.1 - 0.4}{\sqrt{0.0072}}) = P(Z > -3.54) \cong 1$$ (一定會達成)

您已經看得眉開眼笑了嗎?那把薪水調到10萬(25%)好了:

$$P(X > 0.25) = P(Z > \frac{0.25 - 0.4}{\sqrt{0.0072}}) = P(Z > -1.77) \cong 0.9616$$

（幾乎沒問題）

其實你如果要求20萬（50%）才算有點過份：

$$P(X > 0.5) = P(Z > \frac{0.5 - 0.4}{\sqrt{0.0072}}) = P(Z > 1.18) \cong 0.119$$

要這麼貪心機率才會變低。

別忘了只要信用戶額度夠用，當沖可以讓你在一天內多次使用總和超過本金許多的額度，重點是你要把技術練到扣掉交易成本後，平均賺得到那微不足道的千分之二，只要平均數為正，不需要很大，中央極限定理就會展現非常驚人的聚沙成塔的力量。當然相對作波段單可以慢慢喝茶看報紙，甚至不看盤（當波段操作投資人輕鬆），作當沖每天10檔要盯著盤承受精神壓力（當上班族要苦幹實幹），要付出相對的代價。

當沖上班族

　　筆者常常分批小量一天要作到20檔以上（如下圖），盤中同時盯著多檔走勢確實勞心勞力，這也需要長時間的訓練才有此能力。

● 庫存損益試算													
股票名稱	市價	均價(12)	(13)	股票	成本/股(1)	股數	成本/股(2)	股數	成本/股(3)	股數	成本/股	損益(4)	獲利率(5)
合機電	11.40	11.16	8,000	-	0.00	4,000	11.27	4,000	11.04			-920.00	-1.46%
永光	20.90	20.99	24,000	-	0.00	12,000	20.94	12,000	21.04			1,200.02	0.36%
中國釉	18.25	18.51	8,000	-	0.00	4,000	18.48	4,000	18.55			280.00	0.27%
富喬	23.70	24.11	12,000	-	0.00	6,000	24.06	6,000	24.17			660.00	0.32%
三陽	20.60	20.68	60,000	-	0.00	30,000	20.64	30,000	20.73			2,700.00	0.33%
矽統科	12.65	12.84	42,000	-	0.00	21,000	12.83	21,000	12.84			210.00	0.06%
鼎元	13.75	13.83	18,000	-	0.00	9,000	13.82	9,000	13.84			180.00	0.11%
奇力新	17.40	17.46	24,000	-	0.00	12,000	17.47	12,000	17.46			-120.00	-0.04%
中櫃	15.80	15.88	26,000	-	0.00	13,000	15.91	13,000	15.84			-910.00	-0.33%
特力	21.10	21.32	30,000	-	0.00	15,000	21.20	15,000	21.44			3,600.00	0.86%
神基	28.85	28.47	2,000	-	0.00	1,000	28.44	1,000	28.50			60.00	0.16%
盛鼎	18.95	19.01	20,000	-	0.00	10,000	18.98	10,000	19.05			700.00	0.26%
大學光	28.00	28.17	6,000	-	0.00	3,000	28.34	3,000	28.00			-1,020.00	-0.86%
國眾	13.75	13.78	12,000	-	0.00	6,000	13.77	6,000	13.78			60.00	0.05%
廣運	13.30	13.34	16,000	-	0.00	8,000	13.32	8,000	13.37			400.00	0.27%
茂達	23.45	23.97	16,000	-	0.00	8,000	23.87	8,000	24.07			1,600.00	0.58%
華孚	15.35	15.12	6,000	-	0.00	3,000	15.42	3,000	14.82			-1,800.00	-3.02%
矽格	25.35	25.63	36,000	-	0.00	18,000	25.52	18,000	25.73			3,780.00	0.62%
巌強	17.60	17.50	16,000	-	0.00	8,000	17.45	8,000	17.55			800.00	0.40%
達方	24.00	24.16	36,000	-	0.00	18,000	24.11	18,000	24.21			1,799.97	0.32%

	個股損益			集中保管		自辦融資		自辦融券		未知成本		個股損益	
股票名稱	市價	均價(12)	總股數 (13)	股數	成本/股(1)	股數	成本/股(2)	股數	成本/股(3)	股數	成本/股	損益(4)	獲利率(5)
明基材	21.00	21.52	18,000	-	0.00	9,000	21.54	9,000	21.49			-450.02	-0.18%
聖馬丁	7.80	7.89	24,000	-	0.00	12,000	7.86	12,000	7.93			840.00	0.67%

中央極限定理

本節附上中央極限定理內容、常態分配標準化求機率的方法與Z表，給有心了解的讀者。

↑ 中央極限定理

樣本來自任意分配，其 μ 與 σ^2 均存在，則 n 夠大時，$\overline{X}$（或 $\sum X_i$）會近似常態分配。

$$X_i \overset{i.i.d.}{\sim} f(\mu, \sigma^2) \quad n \to \infty$$

1. $\overline{X} \sim N\left(\mu, \dfrac{\sigma^2}{n}\right)$ 或 $\dfrac{\overline{X} - \mu}{\sigma / \sqrt{n}} \sim N(0, 1)$

2. $\sum X_i \sim N(n\mu, n\sigma^2)$（這行是我們用到的部份）

↑ 常態分配機率之計算

$X \sim N(\mu, \sigma^2)$ 求 $P(a < X < b) = ?$，其中 a, b 是任意實數

$\displaystyle\int_a^b \dfrac{1}{\sqrt{2\pi\sigma^2}} e^{-\frac{(x-\mu)^2}{2\sigma^2}} \, dx$ 有很大的計算問題，但任一常態分配標

準化變成標準常態 $Z \sim N(0,1)$，所以上面的計算可經由標準化的
動作變成：

$$P(a < X < b) = P\left(\frac{a-\mu}{\sigma} < \frac{X-\mu}{\sigma} < \frac{b-\mu}{\sigma} \right)$$

$$= P\left(\frac{a-\mu}{\sigma} < Z < \frac{b-\mu}{\sigma} \right)$$

可利用不同 Z 表，都可幫忙處理 $P(c < Z < d)$ 之計算。（c, d
為任意實數）

此外因常態分配距平均數正負三個標準差範圍內，機率佔
99.74%，已接近1，也就是幾乎等於全部，故筆者以全距當作六
個標準差，求得前篇所述合理的標準差。

The Normal Distribution

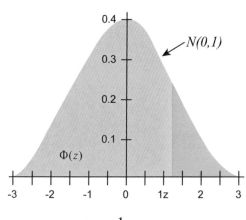

$$P(Z \le z) = \Phi(z) = \int_{-\infty}^{z} \frac{1}{\sqrt{2\pi}} e^{-w^2/2} dw$$

$$\left[\Phi(-z) = 1 - \Phi(z) \right]$$

z	0.00	0.01	0.02	0.03	0.04	0.05	0.06	0.07	0.08	0.09
0.0	0.5000	0.5040	0.5080	0.5120	0.5160	0.5199	0.5239	0.5279	0.5319	0.5359
0.1	0.5398	0.5438	0.5478	0.5517	0.5557	0.5596	0.5636	0.5675	0.5714	0.5753
0.2	0.5793	0.5832	0.5871	0.5910	0.5948	0.5987	0.6026	0.6064	0.6103	0.6141
0.3	0.6179	0.6217	0.6255	0.6293	0.6331	0.6368	0.6406	0.6443	0.6480	0.6517
0.4	0.6554	0.6591	0.6628	0.6664	0.6700	0.6736	0.6772	0.6808	0.6844	0.6879
0.5	0.6915	0.6950	0.6985	0.7019	0.7054	0.7088	0.7123	0.7157	0.7190	0.7224
0.6	0.7257	0.7291	0.7324	0.7357	0.7389	0.7422	0.7454	0.7486	0.7517	0.7549
0.7	0.7580	0.7611	0.7642	0.7673	0.7703	0.7734	0.7764	0.7794	0.7823	0.7852
0.8	0.7881	0.7910	0.7939	0.7967	0.7995	0.8023	0.8051	0.8078	0.8106	0.8133
0.9	0.8159	0.8186	0.8212	0.8238	0.8264	0.8289	0.8315	0.8340	0.8365	0.8389
1.0	0.8413	0.8438	0.8461	0.8485	0.8508	0.8531	0.8554	0.8577	0.8599	0.8621
1.1	0.8643	0.8665	0.8686	0.8708	0.8729	0.8749	0.8770	0.8790	0.8810	0.8830
1.2	0.8849	0.8869	0.8888	0.8907	0.8925	0.8944	0.8962	0.8980	0.8997	0.9015
1.3	0.9032	0.9049	0.9066	0.9082	0.9099	0.9115	0.9131	0.9147	0.9162	0.9177
1.4	0.9192	0.9207	0.9222	0.9236	0.9251	0.9265	0.9279	0.9292	0.9306	0.9319
1.5	0.9332	0.9345	0.9357	0.9370	0.9382	0.9394	0.9406	0.9418	0.9429	0.9441
1.6	0.9452	0.9463	0.9474	0.9484	0.9495	0.9505	0.9515	0.9525	0.9535	0.9545
1.7	0.9554	0.9564	0.9573	0.9582	0.9591	0.9599	0.9608	0.9616	0.9625	0.9633
1.8	0.9641	0.9649	0.9656	0.9664	0.9671	0.9678	0.9686	0.9693	0.9699	0.9706
1.9	0.9713	0.9719	0.9726	0.9732	0.9738	0.9744	0.9750	0.9756	0.9761	0.9767
2.0	0.9772	0.9778	0.9783	0.9788	0.9793	0.9798	0.9803	0.9808	0.9812	0.9817
2.1	0.9821	0.9826	0.9830	0.9834	0.9838	0.9842	0.9846	0.9850	0.9854	0.9857
2.2	0.9861	0.9864	0.9868	0.9871	0.9875	0.9878	0.9881	0.9884	0.9887	0.9890
2.3	0.9893	0.9896	0.9898	0.9901	0.9904	0.9906	0.9909	0.9911	0.9913	0.9916
2.4	0.9918	0.9920	0.9922	0.9925	0.9927	0.9929	0.9931	0.9932	0.9934	0.9936
2.5	0.9938	0.9940	0.9941	0.9943	0.9945	0.9946	0.9948	0.9949	0.9951	0.9952
2.6	0.9953	0.9955	0.9956	0.9957	0.9959	0.9960	0.9961	0.9962	0.9963	0.9964
2.7	0.9965	0.9966	0.9967	0.9968	0.9969	0.9970	0.9971	0.9972	0.9973	0.9974
2.8	0.9974	0.9975	0.9976	0.9977	0.9977	0.9978	0.9979	0.9979	0.9980	0.9981
2.9	0.9981	0.9982	0.9982	0.9983	0.9984	0.9984	0.9985	0.9985	0.9986	0.9986
3.0	0.9987	0.9987	0.9987	0.9988	0.9988	0.9989	0.9989	0.9989	0.9990	0.9990

α	0.400	0.300	0.200	0.100	0.050	0.025	0.010	0.005	0.001
z_α	0.253	0.524	0.842	1.282	1.645	1.960	2.326	2.576	3.090
$z_{\alpha/2}$	0.842	1.036	1.282	1.645	1.960	2.240	2.576	2.807	3.291

當沖
庶民經濟新行業

上班族

第四篇 走向力道

買賣力實錄

最佳買賣五檔提供了買賣盤張數的訊息，讓人看得到買賣的力道，但大家都看得到的東西有時可能是人為營造，反而有時要格外小心。例如看到下面的五檔：

模式 ▼	買量	買價	賣價	賣量
1	1,399	6.20	6.21	41
2	238	6.19	6.22	1
3	303	6.18	6.23	100
4	500	6.17	6.24	128
5	678	6.16	6.25	16

商品 2344 華邦電
分時 分價 ◉ 最佳 資訊 成交 相關

有沒有看到買盤有那麼多張（3118張）等著買有撐，賣盤卻不多（286張），您也許心想股價應該很難殺下來，可以作多了吧？是的，大家看到都會這麼想，那大家一起買進吧！可是等等，您不覺得奇怪嗎？那些張數又不全是整數價位，是哪兒來的呢？這麼多的張數會是散戶掛的嗎？如果大家一起買進，沒人選在這種情形下賣，等下股價不漲但要買的人都買到了，後面想要獲利賣給誰呢？

這就是我這篇要跟大家以動態圖例來跟大家介紹的「假單」，既然是假單，那表示情勢可能不會如所觀察的表象，反倒有機會在情勢轉變下反轉。

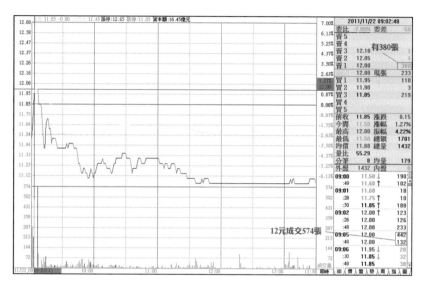

233張成交時12元，掛單僅380張，但買盤在一分內買了574

張，居然沒過12元，散戶有可能在這瞬間多掛出194張來賣嗎？

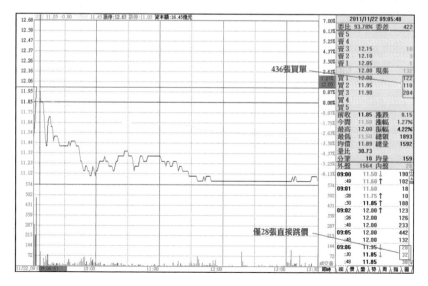

　　奇妙的是，在這一分鐘內12元、11.95元、11.9元三個價位也各掛上百張的買單，這當然不可能是手腳快的散戶，而且這436張假單，居然撐不過一盤28張的賣單，跌落到11.85元，400多張買單人間蒸發！這種幽靈假單很容易製造表象。

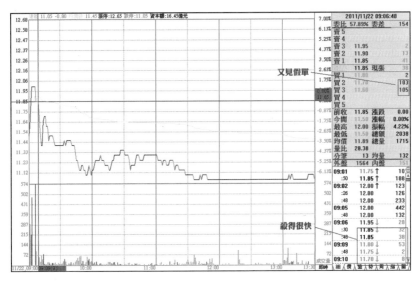

　　快速殺價後11.6元、11.7元又出現假單。

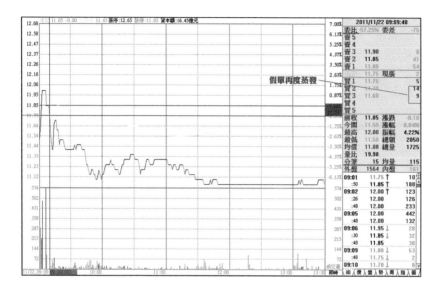

　　假單價位還未殺至，就已不見蹤影，早盤作多者無法賣出，股價當日後來被摜至跌停。

　　其實有量有名號的股票都有主力在看顧，尤其近期內因為波動快速與量放大而成為市場注目的焦點股，千萬別以為是散戶聚集起來的人氣，那是主力在有題材的背景下意圖作價作量，邀市場共襄盛舉。若非主力作手的經營，低成交量不會引起注意，股價也不太會波動。

　　所以當沖客實在無法避免去玩與散戶主力共同角力的個股，且必須最終與有影響力的主力站同邊。主力製造假象，為的就是引誘散戶做動作，假象到達極致，迫使人性趨勢形成後（買盤

竭盡或賣盤竭盡），反轉的力量往往會隨之而來。假單可以說是
製造表象的一種常見手法，不過要提醒讀者，千萬要多觀察、練
習、注意細節，並不是一味地認定假單出現就可以反向作。

　　筆者下面再舉一個同時多空雙作的假單圖例。外盤（賣盤）
假單的目的不同於上面所介紹，是主力為作大量引起市場注意而
預先掛在點位，等把價位拉到點位就出大單買進自己預掛的賣單
（並未真的大量買進，是主力自己在對敲），只要付出交易成本
就輕易地製造出看得見的大量。這也是一種表象，因為主力並沒
有真正從市場買進股票，買單也沒有對股價作實質拉抬。

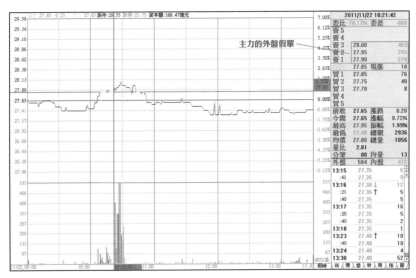

　　10:22可以看出這掛單不是散戶會掛的量。

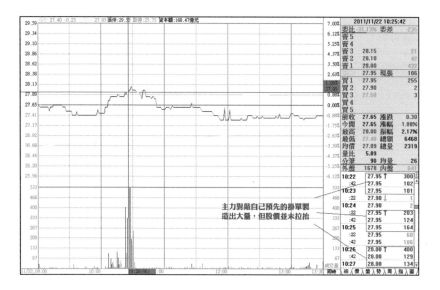

10:26買單已敲進1600張以上，但未帶動股價。

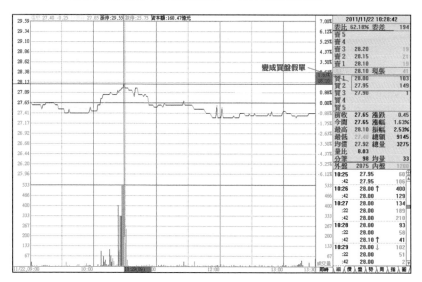

10:29瞬間變成買盤假單，並且形成當日高點。

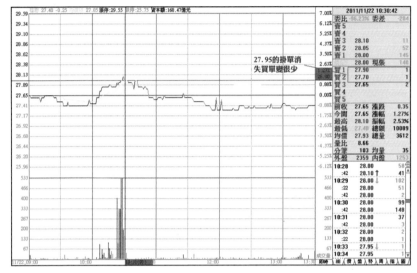

10:31上一圖的買單消失，買單寥寥無幾，最後股價殺了2%，收盤剩27.4元。

勿嫌筆者雞婆，以下例子細節不同，多看總是有益。

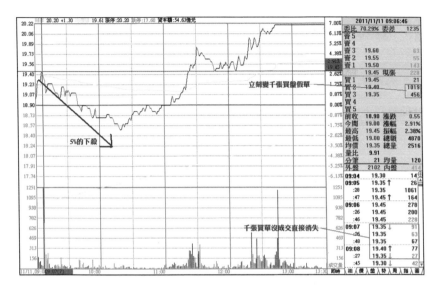

具有震懾力的千張單，卻造成股價瞬間的5%的反轉。

下次再聽到財經電台報導「XX股出現千張大單」時，千萬不要再受不了馬上衝進去，而是要再多看一下。或許有人會說它當日最後還是拉到了漲停，但如果你是買在千張大單出現的位置（19.4），一路抱到最後，覺得自己沒作錯而開心的話，我可以說你是享受賭的刺激感而不是在交易了。好好作好那下殺5%中的任一段不是簡單得多？我們無法預想更久之後主力的心態，連主力自己當下也都不確定當天是否適合拉尾盤，我們又何必賭？選擇跟市場相反的看法，短時間快速地取得我們要的獲利，才是當沖者應具備的本質。

類股連動力

　　盤面有一些股票會有連動性。與某一支大漲或大跌的個股有連動性的股票，會隨之波動振蕩，產生出當沖的好機會（彼此關係詳見下一節〈類股連動現況〉）。

　　某一產業股或集團股（以下稱A股）大漲大跌時，市場會有類股（以下稱B股）跟著連動的聯想，只要確認市場即興隨之起舞，就是反市場操作的時機，只是實施時有一些細節需注意。

　　筆者這裡先舉例說明，其後再跟大家註明需注意的事項。

　　以海運股為例，成交量大的人氣海運股是長榮海（2603）與陽明（2609），其它海運股成交量較小、股價平時不易波動，不受散戶青睞，產生連動的當沖機會不大，須加以排除。如果盤面這兩支股票有一支拉到漲停時，市場的買盤會傾向去追漲另一檔，造成瞬間的爆量，如果追進的是散戶，我們只要在買盤推不動、或買力量縮時出手放空即可。原因是類股（A股）漲停的激情導致（B股）買力在瞬間達到高點，高點後買盤力竭，至少一段時間內會疲弱，讓我們足以賺取放空的價差。特別注意必須是要A股漲停鎖住時，才可以等待B股的空點，如果A股只是爆衝而未到漲停，或許馬上又向上拉，那太早空B股會造成風險。

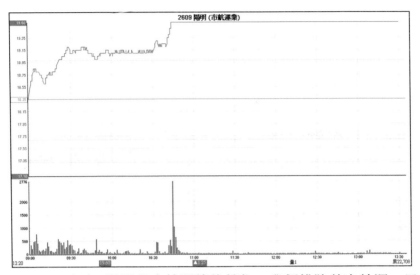

2011/7/15陽明盤中拉漲停後鎖住，我們排除其它航運，只盯長榮海來找空點。

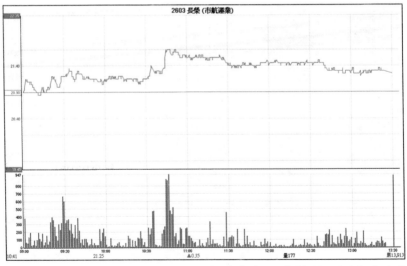

長榮海幾乎在同時不但出現高點也合理地爆量，買力殆盡後當日盤跌。

陽明在10:45鎖住漲停。

在10:45到10:48之間確定已成今日大量，出手空的點位常會是當日最高點。

商品	2609 陽明					
分時	分價	最佳	資訊	成交	相關	
時間	買價	賣價	成交	漲跌	單量	累計
10:41:28	19.20	19.25	19.25	▲0.90	17	15,709
10:41:51	19.25	19.30	19.35	▲1.00	175	15,884
10:42:11	19.30	19.35	19.35	▲1.00	338	16,222
10:42:30	19.35	19.40	19.40	▲1.05	174	16,396
10:42:49	19.40	19.45	19.40	▲1.05	16	16,412
10:43:09	19.40	19.45	19.40	▲1.05	76	16,488
10:43:29	19.40	19.45	19.45	▲1.10	123	16,611
10:43:50	19.40	19.45	19.50	▲1.15	97	16,708
10:44:07	19.45	19.50	19.50	▲1.15	348	17,056
10:44:27	19.50	19.55	19.55	▲1.20	679	17,735
10:44:48	19.55	19.60	19.60	▲1.25	1,749	19,484
10:45:05	19.60		19.60	▲1.25	223	19,707
10:45:27	19.60		19.60	▲1.25	401	20,108
10:45:51	19.60		19.60	▲1.25	417	20,525
10:46:07	19.60		19.60	▲1.25	61	20,586
10:46:25	19.60		19.60	▲1.25	450	21,036
10:46:48	19.60		19.60	▲1.25	133	21,169
10:47:07	19.60		19.60	▲1.25	126	21,295
10:47:27	19.60		19.60	▲1.25	64	21,359
10:47:49	19.60		19.60	▲1.25	51	21,410
10:48:10	19.60		19.60	▲1.25	39	21,449
10:48:27	19.60		19.60	▲1.25	65	21,514
10:48:47	19.60		19.60	▲1.25	37	21,551
10:49:07	19.60		19.60	▲1.25	21	21,572
10:49:25	19.60		19.60	▲1.25	5	21,577
10:49:51	19.60		19.60	▲1.25	78	21,655
10:50:07	19.60		19.60	▲1.25	4	21,659
10:50:27	19.60		19.60	▲1.25	18	21,677
10:50:47	19.60		19.60	▲1.25	13	21,690

商品	2603 長榮					
分時	分價	最佳	資訊	成交	相關	
時間	買價	賣價	成交	漲跌	單量	累計
10:41:05	21.25	21.30	21.25	▲0.35	1	13,737
10:41:26	21.25	21.30	21.30	▲0.40	24	13,761
10:41:44	21.25	21.30	21.25	▲0.35	152	13,913
10:42:06	21.20	21.25	21.25	▲0.35	49	13,962
10:42:27	21.20	21.25	21.30	▲0.40	75	14,037
10:42:46	21.25	21.30	21.30	▲0.40	108	14,145
10:43:08	21.25	21.30	21.35	▲0.45	112	14,257
10:43:24	21.30	21.35	21.35	▲0.45	41	14,298
10:43:45	21.30	21.35	21.35	▲0.45	121	14,419
10:44:08	21.30	21.35	21.35	▲0.45	77	14,496
10:44:24	21.30	21.35	21.40	▲0.50	124	14,620
10:44:44	21.35	21.40	21.55	▲0.65	683	15,303
10:45:06	21.50	21.55	21.70	▲0.80	394	15,697
10:45:24	21.65	21.70	21.65	▲0.75	254	15,951
10:45:46	21.60	21.65	21.65	▲0.75	223	16,174
10:46:08	21.60	21.65	21.70	▲0.80	541	16,715
10:46:24	21.70	21.75	21.70	▲0.80	109	16,824
10:46:44	21.65	21.70	21.70	▲0.80	297	17,121
10:47:07	21.70	21.75	21.70	▲0.80	169	17,290
10:47:26	21.70	21.75	21.70	▲0.80	148	17,438
10:47:44	21.70	21.75	21.70	▲0.80	160	17,598
10:48:05	21.70	21.75	21.70	▲0.80	109	17,707
10:48:26	21.65	21.70	21.65	▲0.75	207	17,914
10:48:44	21.65	21.70	21.65	▲0.75	115	18,029
10:49:04	21.60	21.65	21.60	▲0.70	213	18,242
10:49:25	21.60	21.65	21.60	▲0.70	146	18,388
10:49:44	21.55	21.60	21.60	▲0.70	160	18,548
10:50:04	21.60	21.65	21.60	▲0.70	84	18,632
10:50:24	21.60	21.65	21.65	▲0.75	29	18,661

需注意的事項有下面幾點：

1. 我們這樣作是鑑於散戶追價爆量，再以反市場操作。如果大盤正值大跌、位階低，最近期間內放空皆賺錢，追進量就不是散戶多軍造成的，散戶反而會成為空軍出手空，這樣效果會非常不如預期，我們的動作反而會跟市場同方向。

2. 大盤處在急漲波，大家短期內作多都賺錢，追進不怕套，沒有賣盤，有也是不甘心的空單。這時股價不太會下來，主力測完賣壓，有可能再往上軋一小波。

3. A股漲停若鎖不住打開，B股一定也跟著有賣壓，要適時找回補點，以免低點出現後，又隨A股鎖回去而往上漲。

4. 有連動的類股通常主力間是有連繫的，所以兩檔連動股漲幅度差越大越好（表示B股主力在袖手旁觀），如此散戶才敢低買，空單也不至於去空漲幅大落後的B股，市場面氣氛才符合我們出手作空。如果兩股漲幅差不多，A股漲停時，B股也漲了快6%，那這6%可能不是散戶買上去的，而是主力也在其中配合A股而向上拉，這時會不會空下來就不一定了，通常有可能會振盪一陣子後，再拉上去。

5. 市場是健忘的，當初連動性非常高的類股（可能是因為階段性的題材），也許會慢慢失去連動或無量，操作時也要慢慢排除。

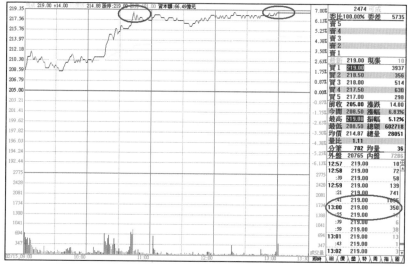

6. 反過來說當A股跌停時，市場也會跟著爆量打壓B股，這時就反向作多B股，但是所選B股必須平盤以下可空，才能當沖。

筆者再舉兩例來說明：

2012/2/15可成10點多股價瞬間觸及漲停，13點尾盤才鎖住。

　　如果10點多去放空類股鴻準，須提防可成再度鎖上，所以有低點就要先賺一趟。但13點可成鎖住，鴻準空單等待回補時間就可以稍拉長。

下面這例子是有關汽車股：

10:38中華車鎖住漲停。

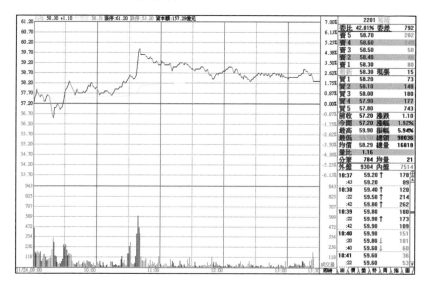

10:39裕隆車買盤量縮後隨即出現內盤成交，空單出手為當日高點，因中華車漲停時，裕隆才漲約4.5%，散戶買不到中華車會買裕隆，此時籌碼亂，主力易袖手旁觀，在當日作後續拉抬不合乎道理且較費力。

當然反過來也可以看：A股如果跌停時，會把連動的B股股價往下帶，A股跌停鎖住，此時若B股已跌不下去，就是跌的理由已經充份竭盡時，也是買進作多的機會。下面筆者舉的是同樣作電池，且同為蘋果供應鍊，又同是高價股的順達科與新普為例。當順達科股價跌停鎖住時，也創造了新普股價的低點，導致要賣的、看壞族群的人已經在兩次的下殺後賣完了，此後僅剩下買盤一直軋空到盤尾。尤其順達科跌停時，新普還沒有跌很多，更會因其未跌造成市場上恐慌殺出的看法，要賣的人所形成的力量不會後知後覺在後半場才去殺，如果盲從跟隨人性與市場做動作，會與真正結果適得其反。

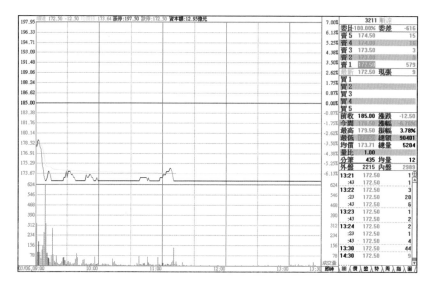

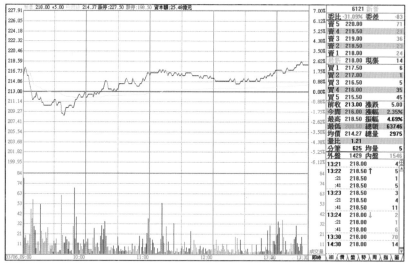

▋類股連動現況

大型LED	晶　電2448	億　　光2393		
小型LED	燦　圓3061 鼎　元2426	光　　磊2340 華　　興6168	東　貝2499	百　鴻3031
航運（海運）	陽　明2609	長榮海2603		
航運（空運）	華　航2610	長榮航2618		
汽車	裕　隆2201	中華車2204	三　陽2206	
博奕	伍　豐8076	泰　偉3064	威達電3022	
觀光	六　福2705	國　賓2704	燦星網4930	鳳　凰5706
遊戲	網　龍3083 華　義3086	智　冠5478	宇　峻3546	橘　子6180
大型封測	日月光2311	矽　品2325		
小型封測	欣　詮3264	台星科3265		
二極體	台　半5425	強　茂2481	統　懋2434	
水資源	千　附8383	國　統8936	中　宇1535	
風力發電	中興電1513	東　元1504	上　緯4733	
光碟	中　環2323	錸　德2349		
光碟機	廣　明6188	建興電8008		
鴻海集團	鴻　海2317 （6298、2392連動弱。）	鴻　準2354	建　漢3062	廣　宇2328
潤泰集團	潤泰新9945	潤泰全2915		
士林資產	新　紡1419	士　電1503	士　紙1903	
南港資產	南　港2101	工　信5521		
被動元件	國　巨2327	華新科2492		

光學元件	亞　光3019	今國光6209	玉晶光3406	揚明光3504
太陽能	茂　迪6244 昱　晶3514 尚　志3579 碩　禾3691（族群數眾多，空頭時一支大跌大家就跟跌；多頭時一支大漲全體跟著漲，順勢好作。）	益　通3452 新日光3576 綠　能3519	合　晶6182 昇陽科3561 科　風3043	中美晶5483 達　能3686 國　碩2406
航空城	榮　運2607	遠雄港5607	泰　豐2102	
電池	順達科3211	新　普6121		
EG	東　聯1710	中　纖1718		
二線塑化配對	台　聚1304 華　夏1305	亞　聚1308 台達化1309	國　喬1312	台　苯1310
砷化鉀	全　新2455	宏捷科8086	穩　懋3105	
Pcb	華　通2313	燿　華2367	金像電2368	楠梓電2316
面板及週邊	友　達2409	奇美電3481	佳世達2352	輔　祥6120
觸控面板	勝　華2384	宸　鴻3673	洋　華3622	
手機組裝	華　寶8078	華　冠8101		
記憶體模組	威　剛3260 至　上8112	創　見2451 商　丞8277	勁　永6145	宇　瞻8271
手機零組件	美　律2439	及　成3095	毅　嘉2402	閎　輝3311
磁碟陣列	喬　鼎3057	普　安2495		
雲端運算	敦陽科2480	零　壹3029	資　通2471	
紡織連動	力　麗1444 （其它紡織股不會跟著動。）	力　鵬1447	集　盛1455	

註

1. 筆者在此整理的是根據目前盤面確實有連動關係的個股，有時雖然是同族群或同集團卻不見得有連動性，切勿引用其它軟體或其它管道所提供之類股概念資訊，以免造成此法操作效果不彰。

2. 隨者時域不同，目前具有連動關係的類股，未來可能因許多原因，連動性會漸漸變弱或消失不見。

3. 另外，不能當沖的股票此處不列入整理。

4. 將來也可能會有目前所不存在的新連動族群產生，可以俟觀察情形再列入操作範圍。

背離的原理

　　常常聽到人家講「某股線型背離了」、「要出現轉折了」，到底背離的意涵為何？價與量的背離常同時伴隨價與指標的背離，現在來跟大家簡短地解釋這個原理，可常用於當沖的操作抓轉折，勝率頗高。

高檔背離之形成

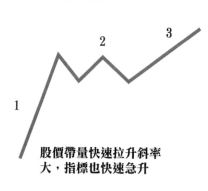

第二波量縮拉升慢，斜率較小，價過高，但指標無法再過高，形成價與量跟指標均背離

股價帶量快速拉升斜率大，指標也快速急升

低檔背離的形成

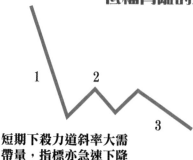

短期下殺力道斜率大需帶量，指標亦急速下降

第二波下殺價破低，量縮力道斜率較小，指標不會破低，形成價與量跟指標背離

先來看一個量與價高檔背離的實例圖：

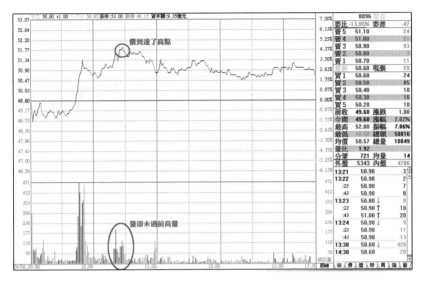

價過前高，量卻未突破前高點的量，表示上攻無力可作空。

再附上這檔股票當天2分線的價、量與指標同時觀看。

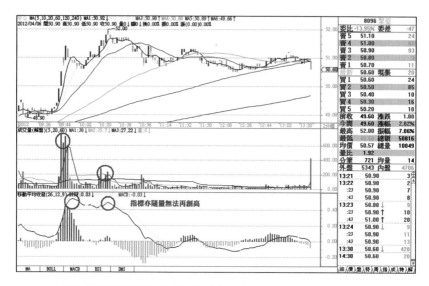

　　上面的例子屬於高檔背離（價創高），可確認後作空先賣；
同理若遇到低檔背離（價創低但量不超過前低點，量與指標不過
低），可確認後作多買進。

解讀合併與收購

若有合併與收購的題材，通常被併的小公司會在宣佈當天出現溢價差。假設在宣佈時，被併公司收盤是50元，但不論以現金或是換股比例來看，收購的公司都讓被併的公司在換算後有高於50元的價值，這時市場就會以大漲或漲停來反應被併股應有的價值。以下舉幾個例子。

例一：某公司或投資集團宣佈以60元全額收購A公司，但宣佈當日A公司的收盤股價為50元，此時A公司就有（60－50）／50＝20%的溢價幅度。50元的股價顯得太便宜，在股價尚未接近60元時，股價會在宣佈之後急速地往60元靠近，只要能以59元以下買到，到時會有人跟你以60元來買，自然會吸引市場買盤。

例二：B公司要以1：2的換股比例併購C公司（兩股C公司將來可轉換成一股的B公司），但宣佈當日B公司股價120元，C公司股價50元，這就是說，只要兩股C公司（值100元），可以換成一股價值120元的B公司，溢價幅度為（120－100）／100＝20%。假設B公司的股價宣佈之後並無大波動，則C公司會急速地往60元靠近以反應市場價值。

一般市場以利多來解讀的本意是沒錯，但是只要詳細地了解其中諸多的細節，非但能造就確實的波段操作機會，甚至當沖操作也十分穩當。

本質雖然都是大公司或投資公司併小公司，但被併的種類分成：

1. 純以換股方式進行合併，小公司應有的價值隨併購股股價變動，會引發投資者作價差套利的動作。

   如：群創（3481）併奇美電（3009）、聯詠（3034）併其樂達（3371）、大聯大（3792）併友尚（2403）、雷凌（3534）併誠致（3614）、聯發科（2454）併雷凌（3534）。

   以及順達科（3211）併加百裕（3322）（事後破局未成）。

2. 以固定價格（現金）收購，被併股價值確認後，市場會急速逼近（但不會等於）至收購價並穩定價格，但收購比例是影響日後走勢的很大的關鍵。

   如：凱雷100%收購日月光（2311）（破局）、遨睿100%收購國巨（2327）（破局）、力成（6239）30%～50%收購超豐（2441）。

3. 現金與換股比例兼具，可視為以扣掉現金給付後的低於市價股，來作為換股的合併，發展情形會與1.相同。

   如：元大金（2885）合併寶來證（2854）、開發金（2883）併凱基證（6008）。

再來我要解釋，這種被併的利多只要溢價存在夠大，要不是買不到（除非帳戶特殊，再採用特別的技巧掛單，我會另外寫一篇來介紹），不然就是買到時價格已經不會再向上收斂或已是高點，那要如何找出可當沖的時機呢？

首先，這種溢價差在市場上是根據換股比例及前日兩家公司的收盤價，只要有國小的數學程度就可計算出轉換的價格（若是定價收購，那連算都不用算）。價差幅度的大小會決定開盤時買盤力道的強弱，若溢價差尚有10%以上，我想賣盤是不會出籠的，但溢價幅若在6%內，持股者不論法人或散戶，就會有人大量出脫。

大家的疑問是，就算買到時溢價差只剩6%，還是比許多投資來得划算，且是穩賺的，那為何價格還沒收斂就會有賣壓呢？這要從這類事件的三個風險來談：

1. 轉換在宣佈後，快要等六個月，慢要等一年才能實現，即使有價差，有些資金也不見得能夠閒置那麼久的時間（有人覺得划算，但有的人會覺得不划算），尤其被併股會隨併購公司股價波動，若併購公司日後下跌，那被併的公司合理價也會向下，市場裡最常被提到、也最錯誤的一個方法是，叫投資人去空併購公司，作多被併股，這樣等待轉換日來套利就不怕股價的波動了。

錯誤點1：要花到兩倍的資金，溢價幅就先減半了（下面會舉例試算）。

錯誤點2：併購公司面臨股東會或除權息融券回補的五日內（兩者皆有則會大到十日），手中是無法持券的。價差幅已經不大，你還願意面對五日或十日的波動，又該如何鎖定價差？

錯誤點3：法人大股東持股更多，比我們更了解這道理，會更有決心在股價漲停鎖不住之日一大早就把券借光，散戶通常是買到再找券，已無券可空，造成此法失敗。

錯誤點4：大股A股價30元，被併股B股價已收斂至25元，轉換價值假設為26.5元，算一下這時以25元買進還有6%溢價。

（26.5－25）／25＝6%

這時正確作法（不考慮上述的破局、券需回補，及無券的問題）是空五張A股，作多六張B股，鎖定住溢價差等轉換賺6%（還不含交易成本、集保費、匯費、郵資）。

空五張A股 30000×5＝15萬

買六張B股 25000×6＝15萬

多與空的價值要相同，這樣不論往後A、B股的股

價如何波動，也能始終鎖住套利的價差，但是對鎖可是需要兩筆資金喔（等轉換只能買進現股，無法融資擴大額度），所以原本以為的6%就因資金投入兩倍而腰斬僅剩下3%。

那現在如果B股不是25元，也許是24.8元，此時這種作空A股幾張，作多B股幾張，才能讓多空的價值相同的整數規劃問題，是不是也造成困擾？

股市天天開，有資金有技術，每天每月都有好機會，看似穩賺不賠的套利其實背後還是有風險，作此傷神的動作又是何苦？筆者感歎看到最近開發金併凱基證，一大堆市場鎖單等著套利，雖然沒有破局的風險，但市場真的難作到需要把那麼多的錢鎖在那裡嗎？

2. 換股合併與收購最大的風險是破局，尤以收購破局機會頗大。換股宣佈後要經過股東會同意（除非是股東會時宣佈），國內公司現金收購要經公平交易委員會同意，外來投資機構（凱雷、遨睿）的定價收購要經金管會同意，都不是宣佈當日就可以確定日後會成局。若日後成局，那溢價幅就確是利多存在，但未來一但破局，漲多少就會跌多少回去，這段期間買進的人全成了冤大頭。國巨收購破局後，股價不留情腰斬（大股東的心聲：你不讓我收購，我讓

你股價跌暴，我再來從市場上買！），金管會未投票決議
前已呈悲觀，2011/6/14股價已先開始崩跌，在宣佈破局當
日2011/6/23已跌兩成，而盤中仔細觀察國巨買賣成交與掛
單，已經看出是有心人摜壓。

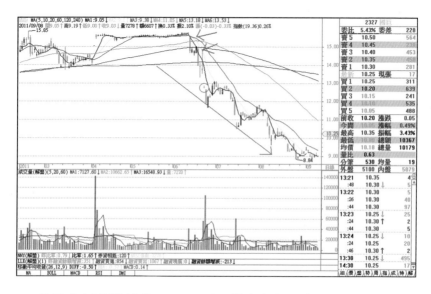

3. 若是定價收購並非100%，而是僅有部份比例（超豐被力成收
   購一例），能買到的時候，與其說是等著賺市價與收購價的
   價差，不如說是等著被套。依收購規則，被收購股若持有者
   持有在1000股以下採全數收購（所以只要有價差，持有一張
   是會被全數收購，我也鼓勵大家只買一張），但是1000股以
   上的部份就採按比例收購，試想你如果買了10張等著要賺價
   差，可是收購申請結束時要賣的人很多（日後會崩跌，有此

價格持股者多半都會申請賣出），超出預定收購數量，那麼若收購的公司計算後僅收購你所申賣的5張，退回另外5張，那剩下的5張你要賣給誰？申購期間的市價是由於收購公司提供高收購價，才得以使市價因有期待而撐在此處，一旦收購數認定，申賣不掉的餘股還回手中，就得冒著股價下修的風險，所以持股的大小股東多半會融券鎖住套利未被收購部份的價差，以防收購完成後的崩跌。也就造成第一天市場就無券可借的情形，講起來你或許只賺到那5張金額的4%～5%，另5張退回戶頭卻要承受跌回起漲點的風險，這樣怎會划算呢？

講了那麼多只是為了說明，等到可以買到被併或被收購股時，表示也是上述的懷疑造成賣單願意在溢價未收斂時就出脫，更可怕的是，市場要買的意願也在漲停鎖不住之日被滿足，所有想買的人都可以買得到，再加上種種論及的因素，短期內不見得是作多的機會，更可在跡象明顯時找到作空的理由。而在鎖不住的當天，股票開高幾乎沒有往上漲的可能（除非轉換股盤中刻意大拉，聯發科併雷凌2011/3/17曾出現此情形），會造成當天作空當沖的好時機，可參考實單分解篇〈拾元寶記〉。

法人送的禮物

　　法人買賣是決定個股當日漲跌相當重要的力量，這股力量十分神秘，來自多個機構，難以解讀，方向感不太容易掌控，前日法人買超或賣超，不代表後日會續漲或續跌，尤以外資（另兩種法人是投信、自營商）動向最難以度量。外資機構買賣量大者二十多個，在一日內進出動輒數以千張萬張，的確對個股走勢影響力極大。如果能有一些明顯的時機，讓我們更清楚抓到這股力量的走向，那對於當沖時點的把握會相當有利。

　　我這樣說，大家可能會以為，這與市場一般以法人買賣超作為進出依據的錯誤看法近似，但我要再度強調，我的操作是當沖不是波段，就算法人在一段不短的日子裡持續買進或賣出某支個股，還是不能確定在接下來的日子裡，它是否會作相同方向的進出（當你看到法人連續買了一個月後，終於忍不住也跳進去買的那日起，法人開始轉賣兩週直到你停損），那就更不能確定在任何有開盤的早上就知道這支股票是黑K還紅K，那不是我所謂確認的時機。所以我一向對盤後可以看得到的法人進出資料沒有興趣，大家都可以看得到的東西，其實沒有用，偏偏很多人與電視媒體、投顧業，與分析師就是愛以此來作為依據，作波段也許還有機會摸對邊，對當沖是一點幫助也無。

那我講的到底是什麼呢？

相信法人追高殺低的情形大家都有看過，追在散戶不敢相信還能追的高點，追殺在不知道這麼低了為何還要大賣的低點，其實我們可以將法人看成是很笨的公式化操作，點位到了某一高點它必須要持有一定比例，此時與基本面無關，閉著眼也要追進，這不一定是錯的，有時高點還會更高；點位到了某一低點，不論股價已經跌到剩1／10，或本益比已低到五倍以下，還是奮力狂賣，但也許還會有更低點。每個法人機構必定有它必須遵循進出的法則，這種被迫的力量到了極致，就會造成反轉。

股票出現開盤跌停或漲停，除非是有非常重大真偽立見的消息，否則就算是很大的利多或利空，散戶也不會開盤買漲停或賣跌停，都會等開盤先看一下，怕自己追高殺低了，所以這漲停跌停的力量，小型股就是來自主力；大型股就是來自法人了！有主力在操控的股票籌碼都被主力掌握地一清二楚，長期下來我們是玩不過它的；但是笨法人（尤其外資）對大型股，一開盤被迫掛大單買漲停，或一開盤掛大單賣跌停，等到漲跌停一瞬間在開盤價就鎖不住時，最具有影響的買賣力竭盡，股價至少在當日很快就會反轉（請特別注意，必須是開盤第一盤就鎖不住才是當日真反轉，若是盤中才爆量打開漲／跌停，讓市場從容地可以作空／多，那很危險，價差必須要抓小，因為很有機會再鎖上去）。

在激烈振盪一天之後，觀察盤後的進出資料，我們也可以發現，原來那些賣跌停、買漲停的單真的都是拜外資所賜！如果盤中股價還沒跌停，就是法人正在慢慢賣，我們不知道它接下來的半個小時或一個小時還會不會賣；但是如果前一天就已經一價鎖跌停，法人掛單賣不掉，再往下跳空，法人第二日或第三日還是得在盤前掛跌停單，等到開盤價沒鎖住的那天，我可以說法人賣單在當日已經暫時停歇了，股價在這日就會作反轉可作多。這可以說得上是看得到，也吃得到法人豆腐一種最簡單的操作。反過來看，大型股被法人開盤掛漲停買的例子並不多（通常都是慢慢買到漲停，那我們無法知道它次日或次次日還會不會續漲，也就沒法做反轉的確認），也通常沒辦法一價到底，只要知道開盤開在漲停，或近漲停的原因，就幾乎可以確定是法人強制性的買單，馬上可以出手作空（金融類股有隱含族群因素要除外）。

下面附新聞、K線、與法人進出圖，來舉一些實例。

宏碁發布：首季業績不如預期

2011/3/26

〔中央社電〕宏碁公司二十五日晚間主動發布新聞稿表示，今年西歐與美國市場個人電腦需求相對偏弱，第一季截至三月二十五日為止，個人電腦營收將比去年第四季減少約十％。

宏碁展望第二季指出，宏碁個人電腦出貨量應與第一季相去不大。此外，平板電腦已於 三月份開始出貨，第二季將有更多機種上市，出貨量可望持續攀升，為第二季業績帶來助益。

造成從2011/3/28（一）開盤就鎖跌停，法人點位到達為調節持股水位，必須盤前被迫掛跌停賣，3/30開盤第一盤爆量沒鎖跌停，拉出紅K。

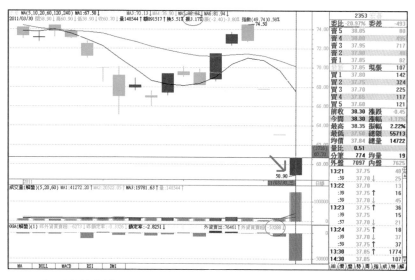

3/30跌停價為58.7元，看到開盤價58.9元爆量未鎖，可知賣力已竭盡，馬上第二盤追買進場，再找高點出，當日法人賣超53288張。

有人問，那如果買在第一盤不是買得更低嗎？問題是你怎知當天開盤是鎖不住，還是一樣鎖很緊呢？要判斷當天會不會跌停

打開的技巧較複雜，與個股股性也有關（主力除了法人，也許還另有操控人），筆者就看過些喜歡作這種單猜測跌停打開日而買在第一盤，他們認為反正會打開，大不了賠交易稅，運氣好還會買在最低點，但卻還是開盤就被鎖住到底的例子。所以除非你有更高明的技巧，否則不必去猜打開日，只要開盤沒有鎖跌停，馬上追進第二盤就可以了，開盤若沒鎖住跌停，散戶一看到反而會因猶豫而錯失第二盤的買點。當沖進場者少，籌碼反而輕，反轉的走勢就會順利，一般人會買進是在開盤跌停鎖住，在盤中爆量打開時慢慢追進，這種可以讓市場慢慢地買到的，若打開追進反而有馬上下壓的風險。

中國環保開鍘　可成蘇州廠停工創台廠首例
市場盛傳中國意在打壓蘋果供應鏈

　　機殼廠可成（2474）位於中國蘇州工業區的子公司可勝、可利，因距離廠區2公里外的居民聞到異味，上周五引發社區居民聚集，並爆發零星衝突，當地政府要求可成暫時停工，導致可成昨天以跌停開出。這也是台廠首度因環保問題而遭到中國政府下令停工的首例。

恐影響11月營收40%

　　可成所引發的環保事件引發市場關注，對於市場盛傳，中國為了保障本國企業，故意針對蘋果供應鏈進行打壓。

　　事實上，上周市場就曾經傳出可成蘇州廠遭到中國官方要求停工，當時可成澄清沒有此事，但就在周末中國政府大刀一揮，讓可成前天深夜緊急上公開資訊站公告蘇州廠部分製程暫時停工重大訊息，恐影響10月營收2成，昨天上午洪水樹再度親上證交所說明。洪水樹表示，可成計劃月底前復工，最差的狀況是，如無法順利復工，預料將影響11月營收達40%。

　　這則新聞造成從2011/10/17（一）開盤就鎖跌停，法人點位到達為調節持股水位，必須盤前被迫掛跌停賣，10/20（四）才開盤暴量沒鎖漲停，反轉拉出振幅多達9%的紅K。

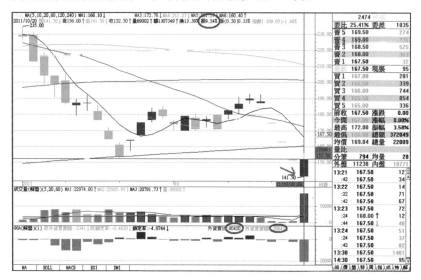

　　開盤雖為跌停價，但第一盤就沒鎖住，第二盤買上追進，當日兩萬多張法人賣超，開盤五分鐘爆量3.5萬張，法人砍在跌停。

跌停的期間有這樣的新聞：

可成跌停一價到底

洪水樹表示，為避免事況擴大，可成應主管機關要求，暫時停止會產生氣味的製程，包括塗裝、烤漆及CNC（Computer Numerical Control，電腦數值控制機台）加工等。

法人表示，可勝、可利部分廠區停工，可能對Macbook Air及HTC手機造成影響。停工消息昨傳出，昨天可成開盤就跌停，並一路鎖死到尾盤，在轉單聯想效應之下，其他機殼股包括鴻準（2354）、華孚（6235）、晟銘電（3013）、旭品（3325）等表現相對強勢，終場均以漲停作收。

看到這裡的你，是否有轉單的聯想，而在10/17、10/18可成跌停鎖住不開時去作多其它的機殼股呢？如果是，你就大錯特錯！因為機殼相關股很多，你想得到，市場不會比你慢，至於會拉到漲停，不是散戶買的，而是主力趁無賣壓順勢作價。那你又如何知道買哪一檔機殼會一直拉上去，而不是爆量卻在你跟進後就曇花一現呢？如此說來，買進任一檔機殼股，除了在開盤時就有決心，否則就是在賭了。我們的操作要的是很高的把握，在確定的時點出手，並不是去賭。

那有人問，是不是等可成跌停打開那天，就放空其它已漲的機殼，因為近日轉單的理由會隨可成的打開而消失呢？這樣想是比先前說的進步很多，可是不是最正確的解答。有機會我會再為各位寫一篇，來說明如何、以及為何在哪一日，去作其它的機殼股，這也是個穩操勝算的例子。

下面有關於宏達電在2011年11月間的新聞，本來看起來是個機會，但與上面的例子不同在於，開盤仍然鎖跌停，盤中才打開。這種打開誘多意味太濃，只能作短或乾脆觀望。

宏達電投震撼彈！重新評估S3併購案 下修Q4營收財測2成

2011/11/23

宏達電（2498）傍晚發布最新聲明，對將與WTI投資國際有限公司和威盛（2388）電子重新審慎對S3 Graphics併購案進行全面性的評估。同時第4季營收財測預估1250～1350億元也將不適用，預估營收與去年同期1040億元相當，換言之下修幅度達2成。

宏達電今天在大盤重挫、專利利空夾擊下，股價開低走低，跌幅近一根跌停板，跌破600元大關，終場以565元作收。傍晚突然發布對第4季財測下修、S3併購重新評估，市場預期恐會對明天股價有所衝擊。

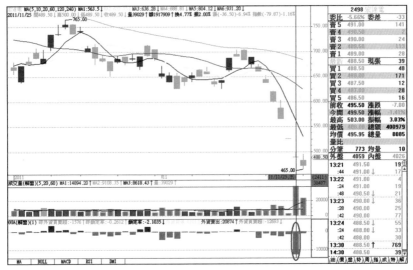

　　10/25法人雖大賣，但收盤仍然鎖跌停，當天與隔天並未造成反轉。

　　10/25是在9:20後才爆量打開跌停，振盪後鎖回跌停，圖為5分鐘線。

如果這時開盤前猜測打開日，而買在第一盤，還沒打開前會不會覺得很緊張呢？

上面都是屬於個股利空，法人跳空停損出反轉點，當沖作多的例子。

但除獲利不如預期的利空之外，還有沒有什麼原因會造成法人一開盤就要掛跌停賣呢？法人不看好一檔股票的時候，多半會一天天慢慢調節，不會一價打到跌停，但是有一種特別的情形，法人勢必要在開盤時去調整庫存，那就是這檔股票因故停止交易一段時間，而大盤在這段時間有很大的變化。法人對這停止交易且具有權值的股票必須因大盤水位改變而作出調節，這時法人不會等開盤，會以市價（跌停或漲停）在重新交易日掛單。

中華電因減資於2010/1/20停止交易，於2010/2/8重新交易。這段停止買賣的期間，大盤從8220跌到7212，可算跌幅是相當重。

　　像中華電這種權值股，一定會在開盤時有法人調節持股的賣壓，並不會因為這段期間遠傳、台灣大雖然並沒有跌，就能抑止住賣的力量，結果果然開盤開跌停。既然知道這個跌停的力量是來自法人，那當然也會在賣單出籠後反轉，可以直接在第二盤追進，能這麼做也是因為電信股本身沒有跌的緣故（大盤若在向下修正，電信股會是防禦型標的，通常不太會跌）。

相同期間台灣大、遠傳並沒有大跌。

所以另一組法人以比價效應,發現中華電開盤價格太低,馬

上予以買進,而本身開盤的調節張數賣盡,隨之而來的是回補的
力量(並非散戶的力道,散戶的力量沒辦法拉那麼一大波)。等
到9:07買的力道消弱,當沖的賣壓又會作一壓回,作當沖的朋
友可以很輕鬆地借法人的力道,當沖賺這先多後空兩趟。

由圖可以看到當天走勢,9:30前,股價開跌停後馬上上拉
再下殺後就沒有明顯的波動了。

另外,系統風險也會造成法人依國際點位作持股庫存調整
的停損。還有2011/6/10潤泰買下南山,以及當沖客所津津樂道
的,2011/11/25政府發出限空令外資急補中鋼的開高走低大黑
K,則是吃盡法人豆腐作空成功的例子,我把這部份細節寫在實
單分解篇。

第五篇 實單分解

台北秋葉原

媒體配合營造的利多，可以製造出幾乎是絕對確定的當沖機會。以下是2011年7月11日前後，有關台北秋葉原的報導。

台北秋葉原整地　激勵廣宇續攻

2011/07/04

有「台北秋葉原」之稱的台北資訊園區BOT案，已開始整地，而BOT案由廣宇（2328）旗下賽博數碼主導，激勵廣宇股價今天持續上攻，盤中交易量更放大到超過7800多張。

中央社4日電，另外，受到暑假電子產品消費熱季影響，3C通路股上午盤中股價多上漲，聯強（2347）、藍天（2362）、燦坤（2430）、順發（6154）股價都開紅盤。

台北資訊園區BOT案已開始整地消息，激勵廣宇股價上週五（1日）漲停，收盤價是新台幣30.85元，交易量3603張。今天上午到11點30分股價32.15元，交易量放大到7826張。

運達投顧研究部副總經理張智誠表示，台北資訊園區原本由台北市府規劃成停車場，但上週已經封閉整地，預料未來將規劃成為電子產品消費園區與研發中心。

張智誠表示，外資近來買進廣宇已超過1萬張，的確看好廣

宇，但是廣宇屬於鴻海集團，台北秋葉原未來營收到底是把注鴻海或廣宇是需要注意的變數。

這篇是整地的報導，內容相當樂觀地看待電子通路，為下個動工的新聞作醞釀。因為我們知道一週後，在7月11日即將動工這點仍然可成為後續的利多，利多仍在，所以7/4～7/8這週的任何一日，我們不見得有十足把握能作空，只能等待。

台北秋葉原明開工郭台銘將出席

2011/07/10

「台北秋葉原」之稱的台北資訊園區BOT案，將在11日開工動土，鴻海董事長郭台銘將出席致詞。由於鴻海6月營收創今年新高等議題發燒，郭台銘出席引發關注。

負責台北資訊園區BOT案的賽博數碼原本預估園區在2014年建成營運，不過，考量各種因素，台北資訊園區將提前到2013年建成營運。

鴻海所屬的賽博數碼已經發出邀請函，邀請各界參加11日的開工動土典禮。當天除了郭台銘出席外，台北市長郝龍斌也會到場。

鴻海是台灣電子股極具有代表性的股票，董事長郭台銘更是股市家喻戶曉的人物，加上親自出席的消息已經確認了，電視媒體勢必盤中關注採訪當天現場情形並進行連線，所以此一利多必在連線轉播同時出盡。尤其我為何那麼確定當天的廣宇必定黑K，適合當沖作空的原因最主要的是，既然7/11（一）動工，加上郭台銘到場通常會作樂觀展望是利多，那為何前一天7/8（五）居然是一根振幅將近4%的長黑呢？表示有相當多的非散戶的單量，趁著這次的利多至少先短跑了一趟。既然已經知道7/11星期一的K線樂觀不到哪裡去，可是我開盤還是不敢馬上出手空，怕的是盤中郭董一在電視露臉的瞬間，股價作急拉，那我早盤的空單會被軋多少幅度是沒辦法計算的！最好也是最穩當的方法是不要貪心，等郭董一說話後再出手，接下來到當天收盤已無再漲的理由，就慢慢等收割了。

　　也許有人問我，那為何確定不會再漲？為何作手主力不可能再拉？試想台北秋葉原是動工，不是開幕也不是入帳，且是廣宇旗下賽博數碼作BOT，對廣宇而言是孫公司，前景看好但是要獲利成為預期的入帳要等到何時？過去數個交易日就是在反應這個利多，主力會在當日順勢讓股價隨波逐，而不會選在動工受關注的日子強拉。但最主要的理由還是上段講的，因為前一交易日已經有人先出，不然散戶持股者都知道星期一要動工，那是誰在賣呢？

　　所以這天一早，除了例行的操作，我一直在等財經台的現場連線。

　　10點左右，記者問郭董未來展望如何，郭董說：「我要休兩三天，準備生下一個。」聽罷我信心滿滿出手空廣宇，早盤的單被振盪分了心沒有出到重手，但是多重理由讓我這筆單雖不是空在高點，卻是賺得安安心心。

　　日後，一個月內，廣宇先跌回起漲點附近後，再拉過年線來到41.75。我的確沒辦法知道之後的走勢，但那都跟我的當沖輸贏無關，我只是去把握我確定該賺出手那日的走勢。

出手在10點，郭董講話就是一個暗號。

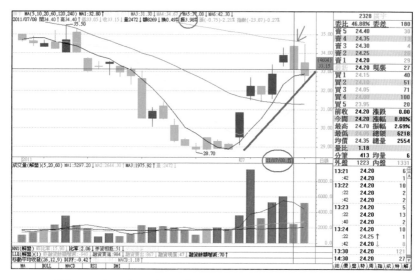

七月初已漲一段，但利多前一日卻黑K。

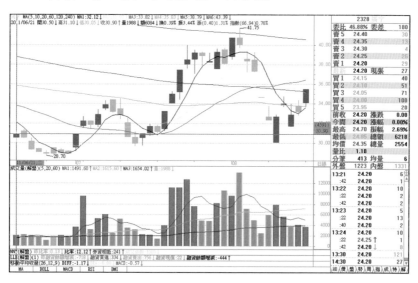

台北秋葉原動工後，廣宇先空再多，但與當沖操作已無關。

日期	股票	交易別	股數	價格	手續費	交易稅	利息	券手續費	借券費	追繳金	入扣帳	損益
11/07/1	廣宇科	資 沖	1,000	32.60	46	0	0	0	-	0	-32,646扣帳	-32,646
11/07/1	廣宇科	資 沖	1,000	32.50	46	0	0	0	-	0	-32,546扣帳	-32,546
11/07/1	廣宇科	資 沖	1,000	32.40	46	0	0	0	-	0	-32,446扣帳	-32,446
11/07/1	廣宇科	資 沖	1,000	32.70	46	0	0	0	-	0	-32,746扣帳	-32,746
11/07/1	廣宇科	資 沖	1,000	32.85	46	0	0	0	-	0	-32,896扣帳	-32,896
11/07/1	廣宇科	資 沖	2,000	33.25	94	0	0	0	-	0	-66,594扣帳	-66,594
11/07/1	廣宇科	資 沖	3,000	33.35	142	0	0	0	-	0	100,192扣帳	100,192
11/07/1	廣宇科	資 沖	1,000	33.30	47	0	0	0	-	0	-33,347扣帳	-33,347
11/07/1	廣宇科	資 沖	1,000	33.25	47	0	0	0	-	0	-33,297扣帳	-33,297
11/07/1	廣宇科	資 沖	1,000	33.45	47	0	0	0	-	0	-33,497扣帳	-33,497
11/07/1	廣宇科	資 沖	1,000	33.55	47	0	0	0	-	0	-33,597扣帳	-33,597
11/07/1	廣宇科	券 沖	2,000	33.85	96	203	0	0	-	0	67,401入帳	67,401
11/07/1	廣宇科	券 沖	2,000	33.85	96	203	0	0	-	0	67,401入帳	67,401

總價金	937,250	交易稅	1,421	淨入帳金額	8,202
利息收入	0	追繳金	0	總損益	8,202
利息支出	0	買進總股數	14,000	賣出總股數	14,000
手續費	1,327	買進總金額	463,150	賣出總金額	474,100

法人停損可成

我舉一個系統風險造成法人停損的例子，並跟大家說明出手判斷的緣由。

法人停損的開盤掛單會在下面幾種情形：

1. 無預警調降財測。

2. 重大突發性政策或災害（如限空還券令，可成蘇州廠停工）。

3. 國際盤丕變重挫。

但是造成出手的時機，除了是因上面的因素並確認這是法人停損，另外還得要前一天鎖住跌停，盤後稍計算一下成交數與尾盤掛賣單數（隔日需被消化才能打開跌停的量），才能知道隔日開第一盤或第二盤是否就可以直接進場，買在法人停損的低點。

2011/8/5早上看到這則新聞：

全球經濟擔憂爆發　道瓊狂瀉512點

由於投資人憂慮歐美疲弱的經濟可能導致全球經濟陷入二次衰退，加上歐元區的債務危機有失控之虞，周四歐美股市全面重

挫，道瓊指數狂瀉五百多點，創下自2008年金融危機以來，最大單日跌幅！分析師說，華爾街投資人原認為經濟正在成長，最壞情況已經過去，但現在了解，振興方案效果不彰，美國可能再度落入衰退。

道瓊工業平均指數收低512.76點或4.31%至11383.68。

NASDAQ指數收低136.68點或5.08%至2556.39。

S&P 500指數收低60.27點或4.78%至1200.07。

費城半導體指數收低22.07點或5.82%至357.32。

受國際股市影響，法人在8/5必須調整手中的水位，許多股票開盤即鎖住跌停，且最後收跌停的股票有602檔，令我感興趣的是，開盤一價到底跌停鎖死的有132檔中（法人掛單賣不掉，隔天還會再市價掛賣），平盤以下可沖的股票，其中我注意到2474可成，其當日成交4857張，尾盤掛賣才11079張大約兩倍，這隔日一定鎖不住，因此當法人開盤一停損，我就在第一盤進場短沖。

8/5(五)隔日是8/8(一)，這其中還有一些理由讓我堅定要進場作多可成的信念：

1. 8/4道瓊下跌512點（4.31%），但8/5台股下跌464點（5.58%），已充分反應國際利空，且8/5晚上美股已止跌

收漲60點，如果台股是因為國際利空而造成法人停損，一旦國際止穩，那麼也會有法人低點回補庫存，所以如果法人8/8(一)一早停損在低點，那接下來只剩下止跌後的買盤，剛好可以造成作多的機會。

2. 一價鎖跌停盤下可沖股雖不止可成一檔，但我選擇可成的原因是其在股價高檔附近，「股票在頭部時會最強」，我反而不會選跌了一段的股票，覺得它跌不下去而去作低接。

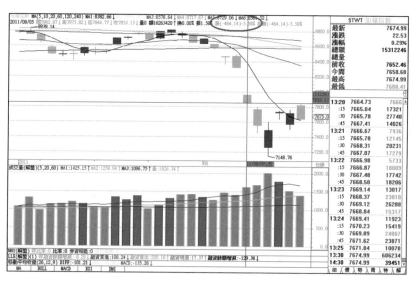

8/5大盤已比8/4晚間的道瓊跌更重，8/5晚道瓊上揚60點。

可成在股價的高檔，開盤價不是最低，但隨即上拉成紅K，

振幅近8%。

日期	股票	交易別	股數	價格	手續費	交易稅	利息	券手續費	借券費	追繳金	入扣帳	損益
11/08/0	可成	券沖	1,000	236.00	336	708	0	0	-	0	234,956入帳	234,956
11/08/0	可成	券沖	1,000	235.50	335	706	0	0	-	0	234,459入帳	234,459
11/08/0	可成	券沖	1,000	231.00	329	693	0	0	-	0	229,978入帳	229,978
11/08/0	可成	券沖	1,000	231.00	329	693	0	0	-	0	229,978入帳	229,978
11/08/0	可成	券沖	1,000	229.50	327	688	0	0	-	0	228,485入帳	228,485
11/08/0	可成	資沖	1,000	228.50	325	0	0	0	-	0	-228,825扣帳	228,825
11/08/0	可成	資沖	1,000	228.00	324	0	0	0	-	0	-228,324扣帳	228,324
11/08/0	可成	券沖	1,000	229.00	326	687	0	0	-	0	227,987入帳	227,987
11/08/0	可成	券沖	1,000	229.00	326	687	0	0	-	0	227,987入帳	227,987
11/08/0	可成	券沖	2,000	226.50	645	1,359	0	0	-	0	450,996入帳	450,996
11/08/0	可成	資沖	2,000	224.50	639	0	0	0	-	0	-449,639扣帳	449,639
11/08/0	可成	券沖	2,000	227.00	646	1,362	0	0	-	0	451,992入帳	451,992
11/08/0	可成	資沖	7,000	225.00	2,244	0	0	0	-	0	-577,244扣帳	577,244

總價金	6,441,000	交易稅		9,751	淨入帳金額		42,078
利息收入	0	追繳金			總損益		42,078
利息支出	0	買進總股數		14,000	賣出總股數		14,000
手續費	9,171	買進總金額		3,190,000	賣出總金額		3,251,000

日期	股票	交易別	股數	價格	手續費	交易稅	利息	券手續費	借券費	追繳金	入扣帳	損益
11/08/0	可成	券 沖	1,000	240.00	342	720	0	0	-	0	238,938入帳	238,938
11/08/0	可成	券 沖	1,000	241.50	344	724	0	0	-	0	240,432入帳	240,432
11/08/0	可成	券 沖	1,000	241.50	344	724	0	0	-	0	240,432入帳	240,432
11/08/0	可成	資 沖	1,000	237.00	337	0	0	0	-	0	-237,337扣帳	237,337
11/08/0	可成	資 沖	1,000	236.50	337	0	0	0	-	0	-236,837扣帳	236,837
11/08/0	可成	資 沖	1,000	236.00	336	0	0	0	-	0	-236,336扣帳	236,336
11/08/0	可成	券 沖	1,000	236.00	336	708	0	0	-	0	234,956入帳	234,956
11/08/0	可成	券 沖	1,000	235.50	335	706	0	0	-	0	234,459入帳	234,459
11/08/0	可成	券 沖	1,000	231.00	329	693	0	0	-	0	229,978入帳	229,978
11/08/0	可成	券 沖	1,000	231.00	329	693	0	0	-	0	229,978入帳	229,978
11/08/0	可成	券 沖	1,000	229.50	327	688	0	0	-	0	228,485入帳	228,485
11/08/0	可成	資 沖	1,000	228.50	325	0	0	0	-	0	-228,825扣帳	228,825
11/08/0	可成	資 沖	1,000	228.00	324	0	0	0	-	0	-228,324扣帳	228,324

總價金	6,441,000	交易稅	9,751	淨入帳金額	42,078
利息收入	0	追繳金	0	總損益	42,078
利息支出	0	買進總股數	14,000	賣出總股數	14,000
手續費	9,171	買進總金額	3,190,000	賣出總金額	3,251,000

本來打算買在開盤價225元作短沖，有賺就好，沖掉後覺得可成太強，又再沿路買進，沖在高點。盤感來自於經驗，要隨局勢變化，也不是我盤前可以預期的。

8/8(一)盤中道瓊期續大跌，造成大盤重挫300點，但已無大型股跌停鎖死，晚間道瓊又重挫634點，才造成8/9瞬間低點。

拾元寶記

之前有介紹過被合併換股與被收購溢價，在買賣流通後會爆出大量，造成短期間買盤竭盡確認，很容易造成當日黑K，而我在2011年4月初看到下面的新聞，認為機會來了。

元大金併寶來證 穩居券商龍頭

2011年4月9日 下午

寶來證券終告找到好婆家，今天宣布賣給元大金控，元大金擊敗開發金控，吃下寶來證，將確立國內券商龍頭地位，拉大與競爭對手距離。元大金併寶來證拍板，雙方同意1股寶來證換0.5股元大金及現金12.2元，以元大金4月8日收盤價21.4元計算，寶來證約以每股22.9元出嫁，與寶來證4月8日收盤價20.6元相比，溢價約11.16%。

這22.9元是這樣算的：

一股的寶來證值0.5股的元大金×21.4＋12.2＝22.9

4/8(五)才值20.6元，代表4/11(一)寶來證的股價將會向上漲，以反應這個溢價的利多，但是股價會直接飆上22.9元或很接近22.9元嗎？相信看過我前面文章的人就會知道，由於種種

之前所述的因素（成局的不確定性、正式轉換日的延宕……），不用等到很接近，股價就已經不會再往上收斂了。由於溢價差僅11.16%，我由以往最多收斂至5%的經驗得知，隔天寶來證的股價是鎖不住漲停的（僅剩4%），若鎖不住讓想趁利多買進的人開盤都有機會買得到，那剩下的四個多小時不就只剩下跌的份？問題是，我該開盤價空嗎？空的價位要設在哪裡呢？我要空在漲停嗎？（漲停會來嗎？）或是空在平盤？（一定空得到，但成交價會不會太低？）況且基本上，我們不知道元大金會怎麼走，換股的方式會波動被併股的合理價格，會不會元大金上漲拉動寶來，造成軋空呢？

其實這種合併對元大金短期來看並不一定是利多，不見得會開高走高，且金融大股波動不易，就算第一盤元大金能開很高（不可能再走高），了不起僅能拉寶來證兩盤，我第一盤空點位若不低，再拉抬其實有限。所以我是將單分布設在21.15～21.6元之間四個價位，設太高怕空不到，設太低怕它再往上跑價（22元是漲停，20.6元是前日價），後來是開在21.8元，我的第一盤160張全部成交在最高點，之後就是慢慢等收割。

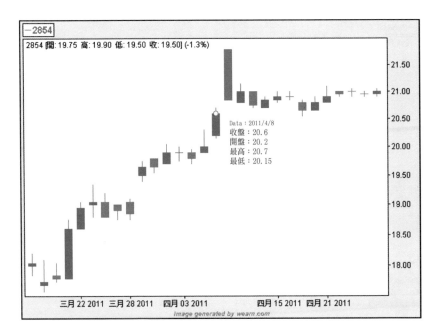

前日收在20.6元。

2854 開: 19.75 高: 19.90 低: 19.50 收: 19.50] (-1.3%)

Data：2011/4/11
收盤：20.85
開盤：21.8
最高：21.8
最低：20.85

三月 22 2011　三月 28 2011　四月 03 2011　　四月 15 2011　四月 21 2011

Image generated by wearn.com

當日開最高21.8元，收最低20.85元，振幅超過4.5%。

日期	股票	交易別	股數	價格	手續費	交易稅	利息	券手續費	借券費	追繳金	入扣帳	損益
11/04/1	寶來證	資 沖	10,000	21.25	302	0	0	0	-	0	212,802扣帳	212,802
11/04/1	寶來證	資 沖	10,000	21.30	303	0	0	0	-	0	213,303扣帳	213,303
11/04/1	寶來證	資 沖	10,000	21.30	303	0	0	0	-	0	213,303扣帳	213,303
11/04/1	寶來證	券 沖	10,000	21.45	305	643	0	0	-	0	213,552入帳	213,552
11/04/1	寶來證	券 沖	10,000	21.45	305	643	0	0	-	0	213,552入帳	213,552
11/04/1	寶來證	券 沖	20,000	21.35	608	1,281	0	0	-	0	425,111入帳	425,111
11/04/1	寶來證	資 沖	40,000	21.25	1,211	0	0	0	-	0	851,211扣帳	851,211
11/04/1	寶來證	資 沖	20,000	21.25	605	0	0	0	-	0	425,605扣帳	425,605
11/04/1	寶來證	資 沖	10,000	21.25	302	0	0	0	-	0	212,802扣帳	212,802
11/04/1	寶來證	券 沖	40,000	21.80	1,242	2,616	0	0	-	0	868,142入帳	868,142
11/04/1	寶來證	券 沖	40,000	21.80	1,242	2,616	0	0	-	0	868,142入帳	868,142
11/04/1	寶來證	券 沖	40,000	21.80	1,242	2,616	0	0	-	0	868,142入帳	868,142
11/04/1	寶來證	券 沖	40,000	21.80	1,242	2,616	0	0	-	0	868,142入帳	868,142

總價金	8,586,250	交易稅		13,031	淨入帳金額	76,496
利息收入	0	追繳金		0	總損益	76,496
利息支出	0	買進總股數		200,000	賣出總股數	200,000
手續費	12,223	買進總金額		4,242,250	賣出總金額	4,344,000

160張空在開盤最高價。

限空令召回鋼鐵大軍

有時突發性的政策祭出，會製造意想不到的當沖時機，先來看一下下面的新聞：

祭還券令 外資買超中鋼11萬張

2011/11/25 18:33 中央社

近期外資放空首選的中鋼(2002)股票，今天在政府祭出「借券還券」的軋空令下，外資共買超11萬餘張，與放空45萬餘張相比，業界人士認為，下週後勢可期。

根據統計，今天外資買超中鋼股票共11萬1231張，投信賣超2229張，自營商買超1067張；外資雖然買超不少，但比起近期借券放空共45萬2571張，還有很大一段要回補的空間。

台股基本面良好，但外資放空撼動市場信心，指數不斷下跌，政府日前踩煞車緊縮借券額度，今天再祭出「借券還券」的軋空令，要求回補的壓力重擊空方力道。

盤面上最受注目的是被借券多達45萬2571張的中鋼，在政府勸導借券單位「懸崖勒馬」的壓力下，開盤迅速站上漲停價30元，不過漲停很快收斂到半根漲停價的29.05元震盪，終場收在29.2元，成交量18萬5897張。

前一天我已經知道限空令這件事，但我還是第一次看到政府祭出這樣的法條，不知道它會迫使外資做出什麼強制回補的動作，因此像這樣的大牛股，如果敢開太高，我就來空，也許第一盤就被我空在高點也說不定。我盤前定了價位空第一盤10張，開盤我大傻眼，第一盤就成交在漲停不說，漲停板還鎖住委買掛5萬多張！

我心想，怎麼會那麼倒楣被鎖住，還以為它不會那麼強，看來外資是鐵了心在回補，遂下意識地馬上原價掛漲停要回補。但當我看到一筆筆數千張的賣單在敲掉委掛的漲停買單時，我馬上知道回補的動作是錯的，如果排在5萬多張之後的我的買單可以吃得到，那表示這檔股票就會鎖不住，就如同我在盤前認定這種大牛股是拉不高，如果吃不到，掛了也沒用，所以我取消買單，在它被漲停敲開前，加碼去空它，這種單是外資被迫掛市價的力量，爆量後很快就會反轉。

可惜的點就在於，我因為開盤被軋，嚇到愣了一下，驚魂甫定的我，對於這種穩贏的時機竟然下得不多，只有在它下殺後第一次反彈作了加碼，雖然沒有善加把握政府逼外資送錢給我們的大好機會，不過也算是有穩穩地進帳獲利了。那天有盯盤下單的人，知道中鋼是鎖不住漲停的，我想應該都在9：04前穩穩下單、大賺了一筆。

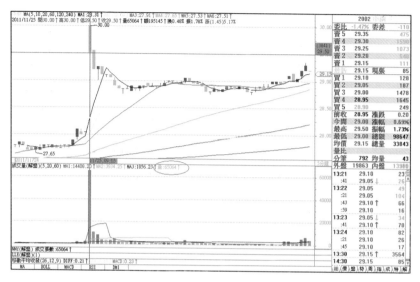

開盤5分鐘就成交6萬多張,大部份都是在漲停價。

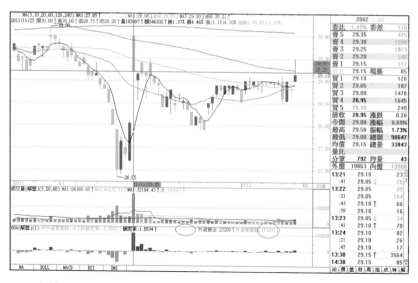

真的是外資回補券單,十幾萬張。

日期	股票	交易別	股數	價格	手續費	交易稅	利息	券手續費	借券費	追繳金	入扣帳	損益
11/11/2	中鋼	資沖	1,000	28.75	40	0	0	0	-	0	-28,790扣帳	-28,790
11/11/2	中鋼	資沖	1,000	28.75	40	0	0	0	-	0	-28,790扣帳	-28,790
11/11/2	中鋼	資沖	1,000	29.00	41	0	0	0	-	0	-29,041扣帳	-29,041
11/11/2	中鋼	資沖	1,000	28.95	41	0	0	0	-	0	-28,991扣帳	-28,991
11/11/2	中鋼	資沖	1,000	29.00	41	0	0	0	-	0	-29,041扣帳	-29,041
11/11/2	中鋼	資沖	1,000	29.00	41	0	0	0	-	0	-29,041扣帳	-29,041
11/11/2	中鋼	資沖	10,000	29.05	413	0	0	0	-	0	-290,913扣帳	290,913
11/11/2	中鋼	資沖	5,000	29.00	206	0	0	0	-	0	-145,206扣帳	145,206
11/11/2	中鋼	資沖	5,000	29.15	207	0	0	0	-	0	-145,957扣帳	145,957
11/11/2	中鋼	券沖	20,000	29.55	842	1,773	0	0	-	0	588,385入帳	588,385
11/11/2	中鋼	券沖	10,000	30.00	427	900	0	0	-	0	298,673入帳	298,673
11/11/2	中鋼	券沖	20,000	30.00	855	1,800	0	0	-	0	597,345入帳	597,345
11/11/2	中鋼	券沖	10,000	30.00	427	900	0	0	-	0	298,673入帳	298,673

總價金	3,526,000	交易稅		5,373	淨入帳金額	45,614
利息收入	0	追繳金		0	總損益	45,614
利息支出	0	買進總股數		60,000	賣出總股數	60,000
手續費	5,013	買進總金額		1,735,000	賣出總金額	1,791,000

筆者只有60張，有聞同業空了300多張，當日獲利超過30萬。

■股王低檔背離

　　有人問我，有沒有當沖的標的是靠技術分析選擇出來的？老實講，不是我不相信技術分析，只是線圖都是人為做出來的，你看得到的，主力與市場也看得到，越中小型的股票還是要融入心理面搭配市場氣氛，並沒有什麼很強的指標線型一出來就非得一定要去作。我研究過很多有關股市投資的論文，發現唯一顯著也是最有效的是均線，但是所需的時間不但長，獲利比例也很有限，無法與本書所探討的當沖相提並論，因而作罷。

　　但是我在這兒公開一個壓箱的秘密，我個人蠻喜歡一種指標，MACD裡的DIFF，它不像一般投資者喜歡用的KD指標那麼敏感反而有時會造成假象，再搭配簡單的指標背離觀念（價過高指標不過高、價創低指標不創低）會造成盤中的反轉，已經算是相當可以信賴的當沖指標。指標背離並不神秘，因其有足夠的理論支持，使其可以被相信，而且不僅是MACD，很多技術指標都有人採用。最重要的是，當沖要選60分鐘線圖來看（日線會被開盤價影響失真，30分鐘以下力量不夠，60分鐘線力量才夠強）。

　　舉作多的例子，股價近兩日已創新低，但是60分鐘DIFF值未創前低價時的低點且確認即將翻揚向上，遂在早盤十點半前進場作多。

我在2011/9/6找到2498宏達電是一個標準的線型：

股價在9/6已破了前低，下面黑色的線是DIFF 14.81，表示已翻揚，比8/22低點要高，為低檔指標背離。

9/7一跳空，十點前股價稍下壓，但知指標不會再下翻，尾盤拉至漲停。

9/7五分鐘K線走勢，十點半前壓抑之後才攻擊，有背離的理由我才抱到底。

日期	股票	交易別	股數	價格	手續費	交易稅	利息	券手續費	借券費	追繳金	入扣帳	損益
11/09/0	宏達電	券沖	3,000	757.00	3,236	6,813	0	0	-	0	1,260,951入帳	260,951
11/09/0	宏達電	券沖	1,000	748.00	1,065	2,244	0	0	-	0	744,691入帳	744,691
11/09/0	宏達電	券沖	1,000	736.00	1,048	2,208	0	0	-	0	732,744入帳	732,744
11/09/0	宏達電	資沖	1,000	730.00	1,040	0	0	0	-	0	731,040扣帳	731,040
11/09/0	宏達電	券沖	1,000	726.00	1,034	2,178	0	0	-	0	722,788入帳	722,788
11/09/0	宏達電	資沖	1,000	730.00	1,040	0	0	0	-	0	731,040扣帳	731,040
11/09/0	宏達電	資沖	1,000	729.00	1,038	0	0	0	-	0	730,038扣帳	730,038
11/09/0	宏達電	資沖	1,000	729.00	1,038	0	0	0	-	0	730,038扣帳	730,038
11/09/0	宏達電	資沖	1,000	728.00	1,037	0	0	0	-	0	729,037扣帳	729,037
11/09/0	宏達電	資沖	1,000	729.00	1,038	2,187	0	0	-	0	725,775入帳	725,775
11/09/0	宏達電	資沖	2,000	732.00	2,086	0	0	0	-	0	1,466,086扣帳	466,086

總價金	10,320,000	交易稅		15,630	淨入帳金額	69,670
利息收入	0	追繳金		0	總損益	69,670
利息支出	0	買進總股數		7,000	賣出總股數	7,000
手續費	14,700	買進總金額		5,110,000	賣出總金額	5,210,000

筆者不是神，中間還被洗掉兩次，天人交戰後加碼，最後的單出在漲停。

　　特別注意的是，我之所以能抱到底，是盤尾價量的氣氛讓我長久以往的直覺覺得應該可以抱到底。氣息氛圍若能把握，比任何指標都要管用，這種盤感讀者朋友們要慢慢練習才能體會，不然有漲有賺就出掉而賺不到大的，也是一般合理的情形。

水資源殺金雞取卵

每年固定公布季報的日子屆臨，其實有些亮麗的財報並不會令人覺得驚訝，再對照線圖，若是股價已早些反應財報，在特定日有時可以找出絕佳的當沖空點。

2011/4/28盤中，國統(8936)公布Q1的EPS11.01，而前一日股價收盤48.1，就算其它三季不賺錢，本益比低到四倍多，乍看之下是個利多，但是我們知情者知道這絕對是個利多出盡。事實是國統並非本業賺那麼多，而是處分金雞母新疆國統挹注獲利，本業歷年的EPS均不超過2元，現在把賺錢的轉投資賣掉，以後便少了這筆業外收入，短期來看是獲利大爆發，長期來看怎麼能稱為利多？而股價從20幾塊漲到50塊就是在反應這個利多，不公布前還不知道股價會漲到哪裡，現在一公布獲利的兩日之內，股價已沒再漲的理由。

國統(8936)	財務比率(季表) ▼						單位:%

獲利能力

期別	100.3Q	100.2Q	100.1Q	99.4Q	99.3Q	99.2Q	99.1Q	98.4Q
營業毛利率	17.18	10.35	24.62	18.25	16.86	16.85	19.81	24.41
營業利益率	7.53	4.36	14.04	9.26	5.61	9.95	14.81	20.08
稅前淨利率	44.8	0.8	517.46	21.83	7.52	15.28	15.28	24.05
稅後淨利率	37.04	1.68	427.74	25.01	6.25	14.04	11.88	17.27
每股淨值(元)	26.95	26.97	30.35	17.87	15.11	12.81	13.51	12.95
每股營業額(元)	1.56	2.24	2.27	2.38	2.64	3	3.74	3.19
每股營業利益(元)	0.12	0.1	0.32	0.22	0.15	0.3	0.55	0.64
每股稅前淨利(元)	0.71	0.02	13.32	0.57	0.23	0.6	0.75	0.81
股東權益報酬率	2.15	0.14	45.31	3.6	1.28	4.03	4.43	4.34
資產報酬率	1.68	0.16	33.28	2.7	0.87	2.28	2.4	2.35
每股稅後淨利(元)	0.59	0.04	(11.01)	0.65	0.19	0.56	0.59	0.58

經營績效

期別	100.3Q	100.2Q	100.1Q	99.4Q	99.3Q	99.2Q	99.1Q	98.4Q
營收成長率	-32.88	-15.39	-31.2	-1.83	37.26	152.79	195.24	119.8
營業利益成長率	-9.99	-62.96	-34.81	-54.7	-60.65	124.05	607.93	242.07
稅前淨利成長率	299.85	-95.56	2230.56	-10.86	-66.43	146.09	1559.21	947.19
稅後淨利成長率	297.98	-89.87	2377.47	42.11	-66.23	279.6	2023.11	334
總資產成長率	87.69	104.87	122.68	17.41	15.5	25	12.83	59.63
淨值成長率	102.47	185.96	199.82	81.97	59.7	18.49	13.95	36.17
固定資產成長率	-6.52	-3.69	1.87	4.36	37.31	45.68	68.15	104.99

償債能力

期別	100.3Q	100.2Q	100.1Q	99.4Q	99.3Q	99.2Q	99.1Q	98.4Q
流動比率	409.71	314.03	336.68	164.85	154.46	87.59	87.08	88.51

　　從財務比例季表中可以看出，若不是處分轉投資，國統的季EPS最高不到0.7。以傳產類股而言，很難去支撐4、50塊的股價，而且賣掉以後就沒有這種收益了。

　　我們可以看到股價的上漲其實已經反應了這個利多，而且盤中公布當天，股價竟然爆量黑K收低（紅色箭頭處），表示有大戶在利用利多出貨，更確定我隔天空它的決心，因為市場總有人以本益比利多解讀這消息，讓我有平盤以上價可空。4/29我以開盤價放空，想說應該開盤就是最高價，再伺機加空，只不過開盤價空到後，股價先是往上拉了一盤，讓我有點出乎意料，愣了一下沒再加空，之後我並沒有如往常一般分批有低點補，而是很篤定地等它亮燈，全部補在跌停。

日期	股票	交易別	股數	價格	手續費	交易稅	利息	券手續費	借券費	追繳金	入扣帳	損益
11/04/2	國 統	資 沖	11,000	43.25	677	0	0	0	-	0	-476,427扣帳	476,427
11/04/2	國 統	資 沖	7,000	43.25	431	0	0	0	-	0	-303,181扣帳	303,181
11/04/2	國 統	券 沖	18,000	46.80	1,200	2,527	0	0	-	0	838,673入帳	838,673

總價金	1,620,900	交易稅	2,527	淨入帳金額	59,065
利息收入	0	追繳金	0	總損益	59,065
利息支出	0	買進總股數	18,000	賣出總股數	18,000
手續費	2,308	買進總金額	778,500	賣出總金額	842,400

　　舉凡業外處分或賣地、賣祖產而造成的獲利大爆發，在利多公布之日，通常也是利多出盡之日，讀者朋友們可以利用財報公布期加上判斷，找到好的出手日。雖然之後國統股價還是有漲回公布日的高點，但我們的目的是做當沖，抓確定走勢的那一日去做即可。

勝選後人去樓空

　　四年一次的總統大選總會讓股民聚精會神地等待結果，藍綠的激烈競爭也影響選後第一天的大盤振盪，藍營若勝出，基於政經的考量，股市隔日通常會以漲的方式開出，在當日有被解讀成利多出盡，有些個股會有開高走低的情形（不一定是全部）；綠營若勝出，股市以跌的方式開盤也不意外，觀光、航空股、一些與藍軍有關的概念股會開跌停，這也是股民們都知道的事。至於開高了可以空嗎？開低可以買嗎？其實以當沖操作而言並沒有定論，若星期六藍營勝選，星期一我要開高空哪一檔股票呢？開高就一定走低嗎？這都要再搭配個股選前日的走勢來判斷。

　　但是這次大選日前一天，我發現藍軍有一檔股票有偷跑的現象。

　　除了整個圖看起來是走空型態外，在選前竟然爆量黑K，表示有大單走人，那選後即使藍軍勝選，也不會有買盤持續，似乎不論選舉結果，主力已經棄守，不可能在選完當日去拉抬，因此我選擇開盤價以上分批掛單放空，隔日真的開高走低收跌停。（基於不影響日後股票走勢的規定，抱歉不能公開股名）

日期	股票	交易別	股數	價格	手續費	交易稅	利息	券手續費	借券費	追繳金	入扣帳	損益
12/01/1(		資 沖	1,000			0	0	0	-	0		
12/01/1(		資 沖	1,000			0	0	0	-	0		
12/01/1(		資 沖	1,000			0	0	0	-	0		
12/01/1(		資 沖	1,000			0	0	0	-	0		
12/01/1(		資 沖	1,000			0	0	0	-	0		
12/01/1(		資 沖	1,000			0	0	0	-	0		
12/01/1(		資 沖	1,000			0	0	0	-	0		
12/01/1(		資 沖	1,000			0	0	0	-	0		
12/01/1(		資 沖	1,000			0	0	0	-	0		
12/01/1(		資 沖	1,000			0	0	0	-	0		
12/01/1(		資 沖	1,000			0	0	0	-	0		
12/01/1(		資 沖	2,000			0	0	0	-	0		

總價金	618,400	交易稅		963	淨入帳金額	21,760
利息收入	0	追繳金			總損益	21,760
利息支出	0	買進總股數			賣出總股數	15,000
手續費	877	買進總金額		297,400	賣出總金額	321,000

　　其實股票是否利多出盡不是看到任何利多的新聞就出手空它，最主要是參考前一天的走勢，前一天要疲弱或有盤中出量賣單為宜。

■燕麥片得意日

　　MSCI指數是由摩根史丹利資本國際公司所編制的證券指數，涵蓋全球數十個國家、地區或產業，常被全球基金經理人當作對全球資本投資的指標，有相當比例的資金會跟隨這個指數來連動，被加入的個股會被調整其權重，也會引起外資法人買進。每年的5月底與11月底是MSCI調整生效日，所以當我看到下面這個利多新聞時，我開始解讀並思考我的出手點。

佳格獲增列為MSCI成分　價量齊揚攻上漲停

2011/11/16 09:50

　　食品股股王佳格(1227)獲MSCI增列為成分股之一，今早盤15分鐘爆發3000張的鉅量，直逼昨日全場的成交量，並且一度攻上112.5元的漲停價，也創下今年8月以來新高價。

　　佳格2011年1～9月財報稅後盈餘19.19億元，較去年同期的15.38億元成長24.76%，每股稅後盈餘4.17元，也穩坐食品類股的獲利王寶座。

　　11/16公布這個增列為成分股的消息，是否表示法人要開始買進這檔股票而造成它在調整日前大漲，並且在11月最後一個交

易日必須要把持股水位調整到一個程度，而在當天最後一盤買進補足庫存把股價拉到最高？如果你是法人，何必要買在最後一天（搞不好還沒宣布前法人就知道而早買了）？這段日子中，任何一天都可以補庫存，反而到了最後一天，只剩下那些等著要趁這個利多坐轎的投資人，卻想不透為何11/30佳格的走勢一點都看不出利多的表態，只得匆匆將股票砍在低點。這天我去放空它，就是因為太多人相信股票會在當天拉最後一盤（以前的確有過這樣的例子），當然筆者還有其它的理由相信11/30是放空佳格的好機會。

問一些老一輩的投資人，一定都不相信傳產股會噴出大漲，如果有機會看到，一定是因其特殊背景配上時勢，所以一旦有些原本知名度並不高的傳產老牌股漲到100元以上，雖然我們不能說高點已到，但是絕對會隨著利多漸被人知而開始振盪，回頭猛一看，利多捷報頻傳時居然也是此股股價歷史高點附近，此時的振盪只要抓得準，作多作空都會有相當的幅度振盪空間。

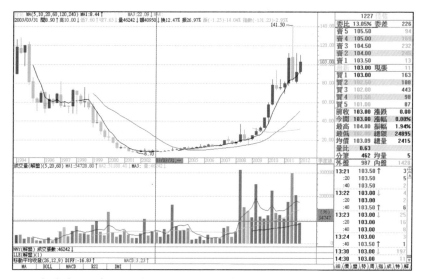

十幾年以來，這個老牌股股價在這個位置絕對不是底部或低

檔。

股價從高點跌下來，但是在10月初開始回升。

同期大盤並沒有回升，反而還破底，這讓筆者覺得佳格的回升是在反應散戶很晚才知道的「被納入MSCI成分股」的利多，而最好的空點就是利多的實現日，也就是11月的最後一天。

日期	股票	交易別	股數	價格	手續費	交易稅	利息	券手續費	借券費	追繳金	入扣帳	損益
11/11/3	佳格	資沖	12,000	101.50	1,735	0	0	0	-	0	219,735扣帳	219,735
11/11/3	佳格	券沖	4,000	107.00	609	1,284	0	0	-	0	426,107入帳	426,107
11/11/3	佳格	券沖	2,000	108.50	309	651	0	0	-	0	216,040入帳	216,040
11/11/3	佳格	券沖	4,000	109.00	621	1,308	0	0	-	0	434,071入帳	434,071
11/11/3	佳格	資沖	2,000	109.50	312	0	0	0	-	0	219,312扣帳	219,312
11/11/3	佳格	券沖	2,000	109.00	310	654	0	0	-	0	217,036入帳	217,036
11/11/3	佳格	券沖	2,000	109.00	310	654	0	0	-	0	217,036入帳	217,036

總價金	2,954,000	交易稅		4,551	淨入帳金額	71,243
利息收入	0	追繳金		0	總損益	71,243
利息支出	0	買進總股數		14,000	賣出總股數	14,000
手續費	4,206	買進總金額		1,437,000	賣出總金額	1,517,000

放空14張，其中12張補在跌停，顯示筆者當天對它相當有把握。

觀光自由行

　　過度利多或利空的實現日，股價沒有漲的可能。100/6/28是陸客自由行啟動首日，對觀光飯店股是利多實現日，如果在當日觀光飯店股開高走高，實在不符合股票價格之反應未來的本質，所以理當推論當日這類股只有開高走低的走勢，可藉機放空。就好比兩岸直航日，航空股開高走低；消費券發放日，消費股利多出盡；突然宣布簽定MOU隔日，金融股開漲停收黑K，只要類股族群有確定的利多或利空的實現日，都是可以確認類股走勢的一日。

　　本來我對陸客自由行持中性偏多看待，但是看到媒體大幅的報導，敲鑼打鼓簡直好到不行，篤定我作空的決心。

　　僅節錄當天小部份報導標題：

6月28日陸客自由行上路　全台搶搶滾！

自由行陸客明進門_內需觀光成新藍海

廈門團搶頭香_明早10時抵松山

廈門團自由行搶頭香　明早8:30抵金門

陸客自由行　飯店業新紀元

迎陸客自由行　旅館業準備好了

陸客自由行明起跑，觀光業成職場新藍海

吸引陸客到墾丁　業者放眼未來

陸客自由行效益　民間消費到年底至少增9億

首批陸客來台自由行　28日10點15分抵達

有沒有覺得好到不買不行呢？6/28是大家早就知道的實現日，大家包括主力都選擇在這一天從早盤買到尾盤嗎？答案當然是相反的，我於是在當日分好幾檔來放空這一類股，以防個股意外表現來抵銷我的獲利。

日期	股票	交易別		股數	價格	手續費	交易稅	利息	券手續費	借券費	追繳金	入扣帳	損益
11/06/2	燦星網	資	沖	1,000	38.70	55	0	0	0	-	0	-38,755扣帳	-38,755
11/06/2	燦星網	資	沖	1,000	38.80	55	0	0	0	-	0	-38,855扣帳	-38,855
11/06/2	燦星網	資	沖	1,000	38.80	55	0	0	0	-	0	-38,855扣帳	-38,855
11/06/2	燦星網	資	沖	1,000	38.85	55	0	0	0	-	0	-38,905扣帳	-38,905
11/06/2	燦星網	資	沖	1,000	38.85	55	0	0	0	-	0	-38,905扣帳	-38,905
11/06/2	燦星網	資	沖	1,000	38.80	55	0	0	0	-	0	-38,855扣帳	-38,855
11/06/2	燦星網	資	沖	1,000	38.80	55	0	0	0	-	0	-38,855扣帳	-38,855
11/06/2	燦星網	資	沖	1,000	38.85	55	0	0	0	-	0	-38,905扣帳	-38,905
11/06/2	燦星網	資	沖	2,000	38.85	110	0	0	0	-	0	-77,810扣帳	-77,810
11/06/2	燦星網	資	沖	2,000	38.85	110	0	0	0	-	0	-77,810扣帳	-77,810
11/06/2	燦星網	資	沖	2,000	38.90	110	0	0	0	-	0	-77,910扣帳	-77,910
11/06/2	燦星網	資	沖	2,000	38.85	110	0	0	0	-	0	-77,810扣帳	-77,810
11/06/2	燦星網	資	沖	2,000	38.85	110	0	0	0	-	0	-77,810扣帳	-77,810

總價金	3,789,350	交易稅	5,721	淨入帳金額	16,447
利息收入	0	追繳金	0	總損益	16,447
利息支出	0	買進總股數	48,000	賣出總股數	48,000
手續費	5,382	買進總金額	1,880,900	賣出總金額	1,908,450

日期	股票	交易別		股數	價格	手續費	交易稅	利息	券手續費	借券費	追繳金	入扣帳	損益
11/06/2	官田鋼	資	沖	7,000	11.05	110	0	0	0	-	0	-77,460扣帳	-77,460
11/06/2	官田鋼	資	沖	1,000	11.15	15	0	0	0	-	0	-11,165扣帳	-11,165
11/06/2	官田鋼	資	沖	1,000	11.15	15	0	0	0	-	0	-11,165扣帳	-11,165
11/06/2	官田鋼	資	沖	1,000	11.10	15	0	0	0	-	0	-11,115扣帳	-11,115
11/06/2	官田鋼	資	沖	2,000	11.10	31	0	0	0	-	0	-22,231扣帳	-22,231
11/06/2	官田鋼	資	沖	1,000	11.15	15	0	0	0	-	0	-11,165扣帳	-11,165
11/06/2	官田鋼	資	沖	1,000	11.10	15	0	0	0	-	0	-11,115扣帳	-11,115
11/06/2	官田鋼	資	沖	1,000	11.15	15	0	0	0	-	0	-11,165扣帳	-11,165
11/06/2	官田鋼	資	沖	1,000	11.15	15	0	0	0	-	0	-11,165扣帳	-11,165
11/06/2	官田鋼	資	沖	1,000	11.15	15	0	0	0	-	0	-11,165扣帳	-11,165
11/06/2	官田鋼	資	沖	1,000	11.15	15	0	0	0	-	0	-11,165扣帳	-11,165
11/06/2	官田鋼	資	沖	1,000	11.15	15	0	0	0	-	0	-11,165扣帳	-11,165

總價金	896,850	交易稅	1,353	淨入帳金額	4,536
利息收入	0	追繳金	0	總損益	4,536
利息支出	0	買進總股數	40,000	賣出總股數	40,000
手續費	1,261	買進總金額	444,850	賣出總金額	452,000

　　官田鋼轉投資夏都飯店是飯店相關股，燦星網包含燦星旅遊屬觀光。

日期	股票	交易別	股數	價格	手續費	交易稅	利息	券手續費	借券費	追繳金	入扣帳	損益
11/06/2	六 福	資 沖	4,000	23.85	135	0	0	0	0	0	-95,535扣帳	-95,535
11/06/2	六 福	資 沖	1,000	23.90	34	0	0	0	-	0	-23,934扣帳	-23,934
11/06/2	六 福	資 沖	1,000	23.90	34	0	0	0	-	0	-23,934扣帳	-23,934
11/06/2	六 福	資 沖	1,000	23.95	34	0	0	0	-	0	-23,984扣帳	-23,984
11/06/2	六 福	資 沖	1,000	23.95	34	0	0	0	-	0	-23,984扣帳	-23,984
11/06/2	六 福	資 沖	2,000	23.95	68	0	0	0	-	0	-47,968扣帳	-47,968
11/06/2	六 福	資 沖	1,000	23.95	34	0	0	0	-	0	-23,984扣帳	-23,984
11/06/2	六 福	資 沖	1,000	23.95	34	0	0	0	-	0	-23,984扣帳	-23,984
11/06/2	六 福	資 沖	3,000	23.95	102	0	0	0	-	0	-71,952扣帳	-71,952
11/06/2	六 福	資 沖	3,000	24.00	102	0	0	0	-	0	-72,102扣帳	-72,102
11/06/2	六 福	資 沖	3,000	24.00	102	0	0	0	-	0	-72,102扣帳	-72,102
11/06/2	六 福	資 沖	3,000	24.05	102	0	0	0	-	0	-72,252扣帳	-72,252
11/06/2	六 福	資 沖	3,000	24.05	102	0	0	0	-	0	-72,252扣帳	-72,252

總價金	1,637,500	交易稅	2,463	淨入帳金額	2,315
利息收入	0	追繳金	0	總損益	2,315
利息支出	0	買進總股數	34,000	賣出總股數	34,000
手續費	2,322	買進總金額	815,200	賣出總金額	822,300

日期	股票	交易別	股數	價格	手續費	交易稅	利息	券手續費	借券費	追繳金	入扣帳	損益
11/06/2	鳳凰旅	資 沖	3,000	77.40	330	0	0	0	-	0	-232,530扣帳	232,530
11/06/2	鳳凰旅	資 沖	1,000	77.60	110	0	0	0	-	0	-77,710扣帳	-77,710
11/06/2	鳳凰旅	資 沖	1,000	77.80	110	0	0	0	-	0	-77,910扣帳	-77,910
11/06/2	鳳凰旅	資 沖	1,000	77.70	110	0	0	0	-	0	-77,810扣帳	-77,810
11/06/2	鳳凰旅	資 沖	1,000	77.90	111	0	0	0	-	0	-78,011扣帳	-78,011
11/06/2	鳳凰旅	資 沖	1,000	78.10	111	0	0	0	-	0	-78,211扣帳	-78,211
11/06/2	鳳凰旅	資 沖	1,000	78.10	111	0	0	0	-	0	-78,211扣帳	-78,211
11/06/2	鳳凰旅	資 沖	1,000	78.00	111	0	0	0	-	0	-78,111扣帳	-78,111
11/06/2	鳳凰旅	資 沖	1,000	78.00	111	0	0	0	-	0	-78,111扣帳	-78,111
11/06/2	鳳凰旅	資 沖	1,000	78.20	111	0	0	0	-	0	-78,311扣帳	-78,311
11/06/2	鳳凰旅	資 沖	1,000	78.20	111	0	0	0	-	0	-78,311扣帳	-78,311
11/06/2	鳳凰旅	資 沖	2,000	78.50	223	0	0	0	-	0	-157,223扣帳	157,223
11/06/2	鳳凰旅	券 沖	6,000	80.00	684	1,440	0	0	-	0	477,876入帳	477,876

總價金	2,371,500	交易稅	3,607	淨入帳金額	26,920
利息收入	0	追繳金	0	總損益	26,920
利息支出	0	買進總股數	15,000	賣出總股數	15,000
手續費	3,373	買進總金額	1,168,800	賣出總金額	1,202,700

日期	股票	交易別	股數	價格	手續費	交易稅	利息	券手續費	借券費	追繳金	入扣帳	損益
11/06/2	新天地	資 沖	1,000	32.80	46	0	0	0	-	0	-32,846扣帳	-32,846
11/06/2	新天地	資 沖	2,000	32.80	93	0	0	0	-	0	-65,693扣帳	-65,693
11/06/2	新天地	資 沖	1,000	33.15	47	0	0	0	-	0	-33,197扣帳	-33,197
11/06/2	新天地	資 沖	1,000	33.25	47	0	0	0	-	0	-33,297扣帳	-33,297
11/06/2	新天地	資 沖	1,000	33.30	47	0	0	0	-	0	-33,347扣帳	-33,347
11/06/2	新天地	資 沖	3,000	33.50	143	0	0	0	-	0	-100,643扣帳	100,643
11/06/2	新天地	券 沖	9,000	34.10	437	920	0	0	-	0	305,543入帳	305,543

總價金	605,500	交易稅	920	淨入帳金額	6,520
利息收入	0	追繳金	0	總損益	6,520
利息支出	0	買進總股數	9,000	賣出總股數	9,000
手續費	860	買進總金額	298,600	賣出總金額	306,900

新天地是餐飲類股。

▮潤泰買南山

100/6/10早上友人提醒我下面這則潤泰合併南山的新聞，說是利多會開高走低，我是不以為意當作中性解讀，覺得不一定，但是開盤的情況還是讓我馬上當機立斷下了單。

潤成買南山　金管會有條件核准

今年一月，潤泰和寶成兩家公司成立的潤成投控，以新台幣628億元買下南山人壽，創下國內金融界轉售案的最高金額，經過將近半年的審查，金管會九號通過投資案。南山工會指出，整個股權交易案，南山或潤成都沒有對員工充分說明，批評金管會棄守勞工與保戶的權益。

南山人壽保戶超過800萬、員工人數將近3萬5千人，之前因為結算業務員年資鬧出勞資糾紛，股權交易又從2009年談了近三年才定案，導致員工多次走上街頭陳情。對於工會的訴求，南山人壽與潤成集團都表示不便回應，但強調員工與保戶權益不變。

有立委指出，潤成實到資本只有五百萬，加上銀行融資三百多億，就買下資產1.7兆的南山人壽，風險實在非常高。金管會強調，附帶要求潤成兩個月內，再交付現金60億到保管帳戶等多項條件，就是要確保潤成提出相對的現金保證，並沒有從寬審查，

潤成兩個月內完成條件並函復金管會，投資案就正式生效，也讓南山人壽標售爭議，正式畫下句點。

看完後是不是也跟筆者一樣覺得這新聞很中性呢？但是潤泰全當天的漲停價是75.4元，股價開很高開在75元，這時我看到75元掛買的單有一千多張，在當天的第三盤開始往下敲，我直覺這個價位會守不住，真的可以當成利多（出盡？）來解讀，就很順勢地下了空單，反正如果股價軋上來，最倒楣也只有0.4元可軋，實在沒什麼好怕的。我在303張那盤就出手，股價果然很快下殺獲利，這不是我開盤前能預估的情況，但仍輕輕鬆鬆地作了這趟單，有時盤中關鍵的變化與決定，反而造就更多好的機會。由於是偶然的情形，我並沒有抱到最後，但是獲利已讓我覺得是筆意外之財。

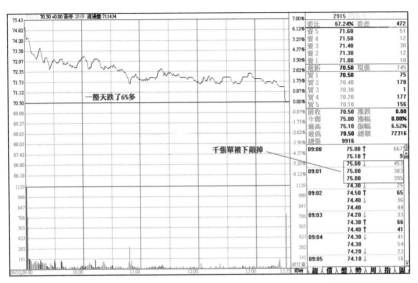

一整天跌了6%多

千張單被下敲掉

日期	股票	交易別	股數	價格	手續費	交易稅	利息	旁手續費	借勞費	追繳金	入扣帳	損益
11/06/1	潤泰全	資 沖	1,000	73.10	104	0	0	0	-	0	-73,204扣帳	-73,204
11/06/1	潤泰全	資 沖	1,000	73.10	104	0	0	0	-	0	-73,204扣帳	-73,204
11/06/1	潤泰全	資 沖	1,000	73.10	104	0	0	0	-	0	-73,204扣帳	-73,204
11/06/1	潤泰全	資 沖	1,000	73.00	104	0	0	0	-	0	-73,104扣帳	-73,104
11/06/1	潤泰全	資 沖	1,000	72.90	103	0	0	0	-	0	-73,003扣帳	-73,003
11/06/1	潤泰全	資 沖	1,000	72.60	103	0	0	0	-	0	-72,703扣帳	-72,703
11/06/1	潤泰全	資 沖	1,000	72.50	103	0	0	0	-	0	-72,603扣帳	-72,603
11/06/1	潤泰全	資 沖	1,000	72.60	103	0	0	0	-	0	-72,703扣帳	-72,703
11/06/1	潤泰全	資 沖	1,000	72.60	103	0	0	0	-	0	-72,703扣帳	-72,703
11/06/1	潤泰全	資 沖	1,000	72.70	103	0	0	0	-	0	-72,803扣帳	-72,803
11/06/1	潤泰全	資 沖	1,000	72.70	103	0	0	0	-	0	-72,803扣帳	-72,803
11/06/1	潤泰全	資 沖	1,000	72.80	103	0	0	0	-	0	-72,903扣帳	-72,903
11/06/1	潤泰全	資 沖	1,000	72.80	103	0	0	0	-	0	-72,903扣帳	-72,903

總價金	5,628,500	交易稅	8,542	淨入帳金額	49,751
利息收入	0	追繳金	0	總損益	49,751
利息支出	0	買進總股數	38,000	賣出總股數	38,000
手續費	8,007	買進總金額	2,781,100	賣出總金額	2,847,400

當沖
庶民經濟新行業
上班族

第六篇 解讀新聞

■無用的新聞

　　市面上有些財經類日報或是財金版，每個交易日都會有許多報導，這些報導要如何解讀？哪一些會形成力量供我們把握機會？哪一些又是完全沒有用的呢？其實這麼多報導，要判讀作為當日操作的依據很難，亂猜有2/3會錯（股價與你想的反向走或股價不動都算錯），也絕對不是反消息看到利多就去空、看到利空就去買，但是並不常見的某些新聞仔細看就大有問題：

1. 太甜太美味，財報好得過分，股價卻不在高檔。

2. 連大股東與主力都不能知道的突發性利多。

3. 有心人特意製造烏龍的報導內容。

　　當然細節部分還是要看個人長久讀新聞的經驗，只要發揮偵探柯南的精神仔細推敲，一定可以找到這些新聞的破綻，從容安全地作單。

　　看起來有眉目，但實際無用又常見的如：

1. 月、季營收增減多少，比去年同期增減多少，累積合併營收增減多少，創月、季新高新低、次高次低→一大堆看久了既煩，對當沖又完全沒幫助。

2. 法人喊進出或升降目標價→還是不知道法人哪一天動作。

3. 無預警調降財測→知道時已經來不及動作了。

4. 公司派發表預期展望→通常都講好的或說審慎樂觀,不知道誰才是老實樹。

5. 接到大單、訂單暢旺→現在這種多半對當日沒用,因為漲跌機會各半。

6. 獲得認證、聯貸通過、得標→根本不算是利多也在報,也不能去作空。

7. 原物料價格波動,對個股未來預期→通常內容看不出煽風點火味道。

8. 公司要職變動→絕對中性,新就任者不是神仙,公司也不會沒誰不行。

9. 營收或獲利挑戰多少、EPS獲利預估多少→到底是記者、公司還是法人講的?也不寫清楚,看不出是不是故意的。

10. 打入XX供應鏈→你已經晚三個月知道。

11. 今年本季拼或上看獲利營收多少→誰都嘛在拼、在期待,講這有用嗎?

　　其實只要看多了就不難,不夠煽情熱血的新聞絕對是沒用的,不要忘記除了報紙,盤中財經電台的報導配上語調,才真的讓人血脈賁張,不是一般報紙、網路新聞能比的。

「我們現在收到一項最新的消息……」盤中聽到廣播這樣講，作當沖的你會不會馬上打起精神聽仔細呢？還「最新」咧（根本不可能）！電視台盤中投顧的報牌也會有同樣的效應。

接下來筆者會舉些例子來說明，有些新聞確實會造成機會。

利多股價不在高檔

2010/3/2有仁寶利多的新聞，但股價已非高檔。

仁寶今年EPS 挑戰5.36元

仁寶(2324)公布去年每股稅後純益(EPS)4.91元，第四季EPS為2.05元，創下單季新高。外資分析師表示「不意外」，高盛證券亞太科技產業主管金文衡預估，今年仁寶EPS將繼續挑戰5.36元。

外資一致看好仁寶第四季獲利，原本就是外資圈共識。以金文衡為例，1月時就預估仁寶去年第四季EPS將有1.93元；麥格理台股研究部主管張博淇也以「沉睡的獅子醒了」來形容仁寶。金文衡、張博淇給予仁寶的目標價分別為54元、63元。

瑞銀科技產業分析師顏子傑表示，仁寶第四季可能有業外獲利進帳，而且甩掉統寶的包袱之後，本業賺的錢可以直接反映在財報上，成功擺脫轉投資黑洞是財報亮眼的關鍵，其次是宏碁(2353)訂單進補。

對照前一交易日的股價46元，不論去年或今年來看，本益比均低於10倍，實在是值得信賴且有知名度的老牌電子股，是充分洋溢利多的一個新聞，就算不去作多，也沒可以作空的立基。但

是看看K線位置，再加上法人居然「不意外」，表示讀到新聞的
人已經是最後才知道此利多了。

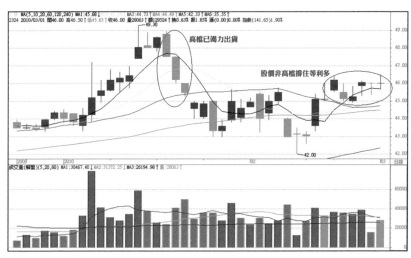

47.8元連三盤出現大單，但股價未拉為空點。

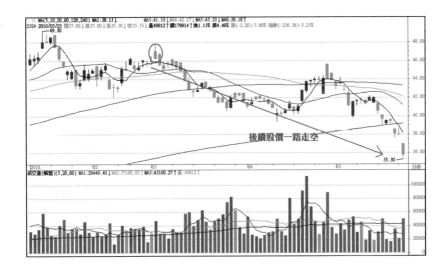

　　利多後股價連日開高走低、黑K多日，價格也走了一段空頭。

　　2011/5/26東和賣地業外貢獻EPS大爆發的利多，可是股價卻不在高檔。

東和財測EPS逾5元　達陣！

　　東和紡織(1414)年報財測出爐，該公司今天公告今年財測數字，每股稅後純益為5.31元，比董事長蔡淑櫻在日前股東會上所作的EPS5元預估為高。東和公司預估指出，今年營收目標為14億1976萬元，全年毛利率16.2%，營業淨利1.7億元，預定處分固定資產挹注7.9億元，全年稅前……。

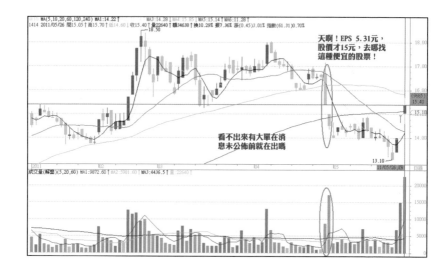

是沒錯，今年可以賺5.31元，股價卻只有15.4元，是不是物超所值、不買太對不起家人？但要知道它的獲利是因為賣地不是因為本業，祖產賣了就沒了，對未來的股價而言怎會是利多呢？這只是造就吸引散戶跳進去買的原因，認為至少將來在配發股息時能博到一個高的現金殖利率。我們姑且不論公司是否真的有良心，到時真的把獲利配出來給股東（它也有權決定一毛都不發），仔細想想，那麼好的消息都已大聲說出來了（說得太好就是可疑），之後還有什麼潛在更大的利多來持續它後面的上漲？股價已經在不久前先出貨一趟了（有出量的黑K），況且看一下週線，你會發現因為這個公司已經知道利多，股價已經漲了三倍多，符合大股東獲利的幅度，所以應該在消息公布見報的隔日，短空、長空兼作。

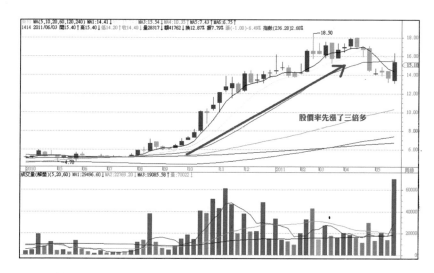

週線看出已大漲一段時間，利多發布已非高檔。

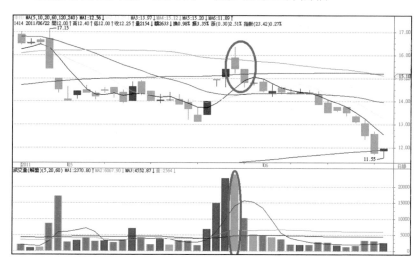

消息發布隔天（5/27），我與友人開盤附近就出手作空，

但盤中一直有單往上軋，讓我們頗感意外，正思考是否該停損出

場的同時，電視台剛好播報這個昨天就已公布的新聞，這種高本益比的消息從即時新聞播出的激情，讓股價爆量幾乎拉到快漲停後，終於曲終人散、打回平盤。主力還能透過關係，藉電視台於盤中作最後的拉高出貨，實在可惡（明明都已是昨天的新聞，還硬要再放送一次凌虐空頭、套牢多頭）！而中間不斷地停損再加空的曲折過程，讓信心滿滿的我難得下單下到手軟，僅以小賺收場。但在隔日筆者也不客氣地以開盤價空市盤，要回一點收驚費用，此新聞後股價回跌了四成。

日期	股票	交易別	股數	價格	手續費	交易稅	利息	券手續費	借券費	追繳金	入扣帳	損益
11/05/3	東 和	資 沖	6,000	14.75	126	0	0	0		0	-88,626扣帳	-88,626
11/05/3	東 和	資 沖	3,000	14.95	63	0	0	0	-	0	-44,913扣帳	-44,913
11/05/3	東 和	資 沖	6,000	14.95	127	0	0	0	-	0	-89,827扣帳	-89,827
11/05/3	東 和	券 沖	15,000	15.40	329	693	0	0	-	0	229,978入帳	229,978
11/05/2	東 和	資 沖	8,000	15.40	175	0	0	0	-	0	123,375扣帳	123,375
11/05/2	東 和	資 沖	1,000	15.40	21	0	0	0	-	0	-15,421扣帳	-15,421
11/05/2	東 和	資 沖	1,000	15.35	21	0	0	0	-	0	-15,371扣帳	-15,371
11/05/2	東 和	資 沖	1,000	15.30	21	0	0	0	-	0	-15,321扣帳	-15,321
11/05/2	東 和	資 沖	1,000	15.30	21	0	0	0	-	0	-15,321扣帳	-15,321
11/05/2	東 和	資 沖	1,000	15.30	21	0	0	0	-	0	-15,321扣帳	-15,321
11/05/2	東 和	資 沖	1,000	15.25	21	0	0	0	-	0	-15,271扣帳	-15,271
11/05/2	東 和	資 沖	1,000	15.30	21	0	0	0	-	0	-15,321扣帳	-15,321
11/05/2	東 和	資 沖	1,000	15.30	21	0	0	0	-	0	-15,321扣帳	-15,321

總價金	2,044,550	交易稅	3,088	淨入帳金額	8,467
利息收入	0	追繳金	0	總損益	8,467
利息支出	0	買進總股數	65,000	賣出總股數	65,000
手續費	2,895	買進總金額	1,015,050	賣出總金額	1,029,500

無冕王惡搞

↑ 特力烏龍新聞

　　媒體人玩弄文字遊戲，刻意扭曲事實，害慘一般投資人，真的是十分可惡。

特力擬派息4.3元，創新高　　　2011/05/21 15:53 時報資訊

　　【時報-台北電】特力(2908)百分之百轉投資台灣特力屋去年營運大豐收，營收逾150億元，獲利4.3億元，董事會昨（20）日決議配發現金股利4.3元，創歷史新高。法人預估，台灣特力屋零售包括特力屋與HOLA和樂今年再展2～3店，整體營收預期將有兩位數成長。

　　特力昨天收盤23.5元，成交4,298張，不僅台灣特力屋獲利大提升，轉投資中國和樂亦在「十二五」議題發酵下，拓點與營業額正向同步往上，中概收成題材挹注，外資評為不可忽視的中概股之一。（新聞來源：工商時報—記者李X滿／台北報導）

　　特力屋是特力的子公司，原新聞是如上標題為「特力」混淆視聽，下午後再搜尋此新聞標題，才改成「特力屋」。有些只讀

標題而未細讀內容的投資人，會誤以為是特力要派息4.3元，因股價僅23元、殖利率約18%而作利多解讀，結果5/23股價開漲停殺長黑，隔日續大跌，最多逾5%。如果當天仔細看新聞，就會發現這個報導標題與內容不符的烏龍，當天開盤時選擇作空或空單留倉，都是利用觀察細節十拿九穩的操作機會。

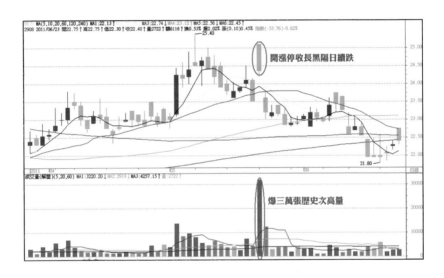

主力起床後才知道的新聞

2010/02/27發生智利地震，為一突發性新聞。

智利地震　第一銅受惠

2010/03/01 11:14

台股盤中急拉，鋼鐵股也隨之轉強，普遍上漲，其中第一銅在智利地震影響銅礦出口，銅價可望看漲下，開盤跳空漲停，其餘如燁興、新光鋼走勢亦強。

屬全球產銅大國的智利，上週六發生規模8.8的強烈地震，災情不小，外電並指當地已有4座銅礦暫停生產，而這4座銅礦的產量占智利的20%，使國際銅價立即看漲，亞洲期銅價格更已上揚，第一銅因此受到市場聯想，今早股價一開盤就跳空漲停，帶動鋼鐵股上揚。

智利發生大地震是科學家無法預測的事，大股東與主力更不可能事先知道，週一開盤漲停帶有散戶的人氣，主力也藉無賣壓趁勢輕易收T字線，隔日開高作量可以高出在低檔進的持股，等股價慢慢跌下後再回補，週二開盤一拉即是好空點。第一銅會不會因地震受惠不得而知也不重要，最主要是主力不會因這種事件

去臨時決定要拉一個波段，或在週二開盤後繼續拉抬，突發性的
利多只會造成主力藉勢短拉後出貨的機會，所以這一類的突發性
利多常常會出現爆量的T字線而告終。

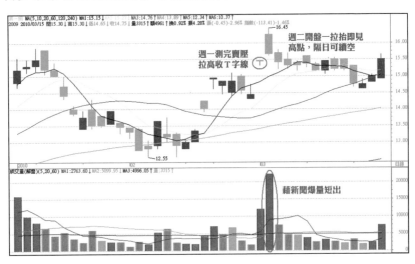

突發性利多不限於天災造成需求或轉單，有時是因為臨時宣
布的政策。

海空經貿城 炒活高雄地產股

2010/03/05

行政院規劃將以2632億元的經費，發展大高雄地區成為海空
經貿城。昨天台股盤中雖一度大跌逾百點，不過高雄資產概念股
卻逆勢獨強，多檔漲停一價到底。

　　高雄資產概念股昨天多檔早盤即展現大漲氣勢，包括東泥(1110)、國化(1713)、唐榮(2035)、京城(2524)、永信建(5508)等以漲停開出，終場除了唐榮外，其餘皆以漲停作收。其中，東泥、國化、京城、永信建全場漲停一價到底。

　　只要確定它是突發性的利多，且經貿發展不是一兩天的事，後續有沒有幫助無從得知，通常在族群第二日無法續強時會出現長黑，可以當日早盤放空。

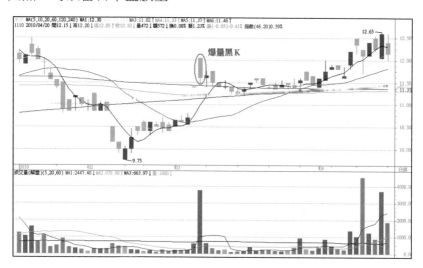

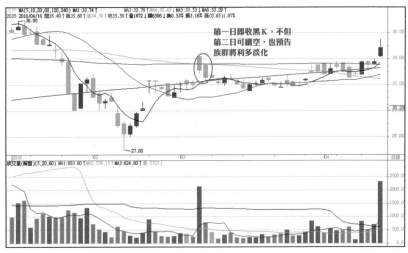

　　從唐榮的第一日爆量知道這題材是短暫的，族群接下來無法

續強。

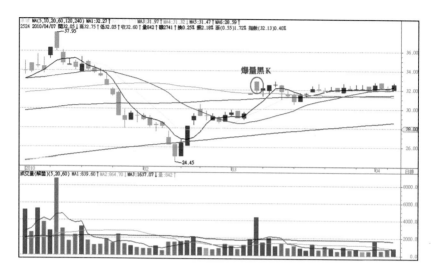

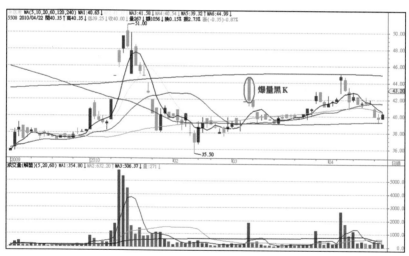

　　雖然第一日多檔高雄資產概念股漲停一價到底，但第二日紛紛開高走低收黑K，這都是突發性利多通常的走勢型態。

同屬天災的疫情爆發也是突發性事件，造成的都是短暫激情的利多。

聞災色變 防疫概念股加溫

2012/03/04

台灣首度爆發H5N2高病原性禽流感，在彰化縣動物防疫所表示，已撲殺彰化養雞場內約5.3萬3,000隻雞，另加強監控周遭的養雞場下，儘管H5N2不是人畜共通傳染疾病，但也引起市場關注，並推波防疫概念股股價加溫，昨日包括美德醫(9103)、毛寶(1732)、花仙子(1730)、恆大（1325）等個股走勢都相當突出。

動防所表示，H5N2雖是高病原禽流感病毒，不過不是人畜共通傳染疾病，撲殺作業結束後，沒有發現傳染跡象，目前已嚴密監控彰化芳苑鄉該養雞場周圍3公里的203處養雞場。

醫藥界人士也認為，H5N2還不致於蔓延，民眾只要注意衛生習慣，盡量減少進出公共場所，就是最佳的防疫保護。

不過，在聞災色變下，國內相關防疫概念股，股價已蠢蠢欲動，被認為最有直接效益的口罩股恆大、美德醫、上游不織布廠康那香(9919)，走勢不弱。

　　理由與上面各種突發性事件的成因過程結果多半相同，而且可以從率先轉弱股的出現，預期族群即將全面面臨回檔，其中以康那香與恆大第一天即面臨爆量黑K最弱，毛寶第三天才呈黑K為最強，但是全都難逃回跌的命運。突發性的利多與受惠絕不是股價永久的特效藥，時效過後，題材持續不超過一天，效果即煙消雲散。

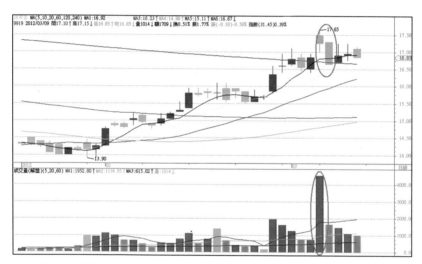

康那香第一日就爆量黑K，第二日更是黑K硬回到起漲點。

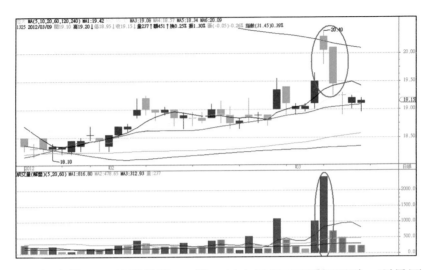

　　恆大第一日就爆量黑K，第二日也是黑K回到起漲點，預見同族群也將作回檔。

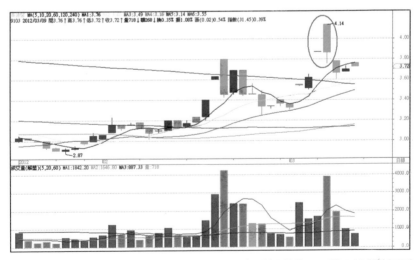

　　美德醫第一日漲停鎖住，第二日便爆量黑K，第三日股價跌回原點。

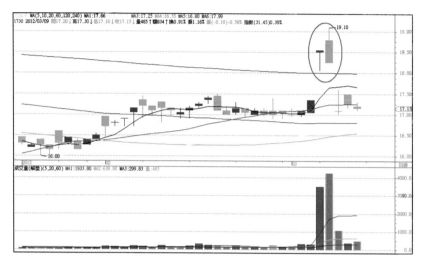

　　花仙子首日就爆量留T字線，第二日拉抬後黑K，第三日直接跳空跌破起漲點。

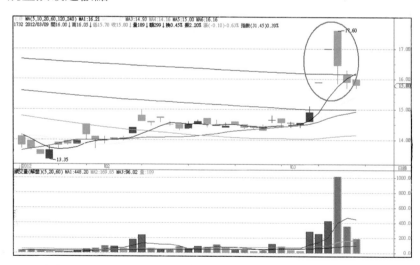

　　毛寶多方較頑強，連鎖兩天後，第三日開高走低，最低打落至跌停，高低幅度10%，一樣終究難逃下跌的命運。

當沖
庶民經濟新行業
上班族

第七篇 後記

■真的有主力嗎？

　　到底股票有沒有主力？這個問題有人似乎覺得太陰謀論，許多人說價格是由市場決定，這部分筆者要舉出圖例來跟大家解開這個謎，看完後絕對會相信主力是存在的，只不過每支個股的主力特性不同。

↑ 鴻海買夏普，交易量熱絡？

鴻海入股夏普　成最大法人股東

2012/03/27

　　國內「電子一哥」鴻海今傍晚發布新聞稿宣布，旗下富士康公司和日本夏普，將在有潛力的領域合作聯盟；鴻海也宣布，將與旗下3家公司以約670億日圓，購入日本大廠夏普9.871%股權，鴻海集團將一躍成為夏普最大法人股東。

　　法人表示，鴻海入股計畫應和最大客戶蘋果有關，因為夏普是蘋果的面板供應商，藉由參股夏普，一方面結合日本面板廠對抗韓國，另一方面也將持續深化與蘋果的合作關係。

鴻海在3/28、3/29隨即爆了近期的大量，成為盤面的焦點股，3/29成交量更達到130億（12萬張），占當天大盤成交量1314億約1/10，是這偏多解讀的消息造成人氣的熱絡嗎？這成交量真的是市場眾多的力量決定的嗎？不去看盤中的動態是無法得知的，這邊先姑且不論股票在高檔放利多爆量對後勢的影響，來看一下3/29當天鴻海盤中某一刻的成交動態：

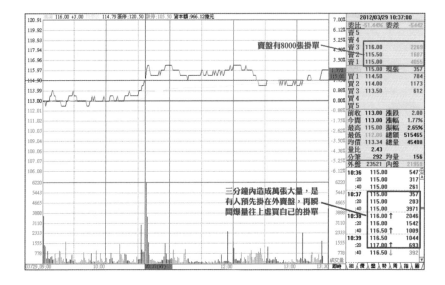

千張以上的買單您覺得是市場在10:37突然有共識、散戶共
襄盛舉的量嗎？那是主力只耗費交易成本、左手換右手的一種作
量手法，雖然難斷定這時衝進去跟買到底對或錯，但是這幾分鐘
的確創造了萬張以上的量。很多時候量是這樣被有意製造出來
的，並不一定是實買單，左手換右手賺不到錢，純粹只為作量，
那您覺得是誰在做這事呢？所以沒盯著盤是沒辦法知道盤中細節
的。

令人覺得股票市場裡大股主力力量雄厚的理由是，
對敲（自己賣給自己）一萬張115元的股票，光交易稅要
115000×10000×0.003＝3450000，主力可以為作出這一萬張的
成交量，不把錢看在眼裡，三分鐘之內花三百多萬交易成本（手

續費還沒考慮進去），我們這種當沖客有時在市場裡順勢賺一點價差，實在不需要覺得不好意思。

↑ 漲停板的數千張買單，買都買不到？

盤中常會看到強勢股大量買單掛進，將股價鎖在漲停板，這麼多的張數要買，看起來漲停價是打不開，漲勢可以延續到明天還是應該很強悍，甚至想要追進去看買不買得到，可是如果這是主力的掛單，你有可能在瞬間改變主意。

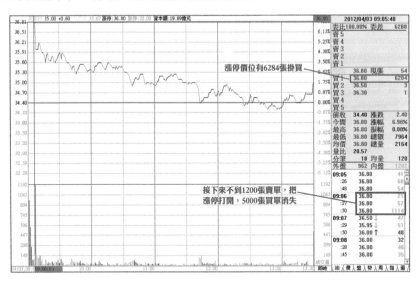

這六千多張絕大部分不是散戶有志一同買進，尤其我們常看到大多數一開盤就漲停的股票，散戶是沒有那麼多人有把握掛漲停買的，大部分是特定人作價掛進。所以漲停鎖住的買單絕對有

必要懷疑其籌碼來源，像上面的圖可以看到主力買單瞬間抽掉，股價很快由36.8元掉到36元，當天的後勢也疲弱殺回平盤。

↑ 收盤時大量鎖漲停的股票，盤後掛買隔日可以賺開高的價差？

先跟各位讀者說明，除了在9:00～13:30是正常交易的時間外，14:30可以收盤價作買進賣出的盤後定價交易，所以有人會找收盤時漲停板大單鎖住的股票來掛買，因為有那麼多張數要買，預想隔日還會強勢開高，若買到就有價差可賺。

如果可以讓散戶有明顯的意圖去做某一個方向的動作，在筆者看來這動作是得冒很大風險的，由上面的例子都可以看出漲停委買不見得是真單了，那何以見得隔天股價又會開高呢？而最危險的是出現下面的情形：

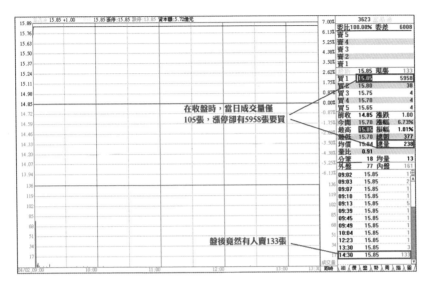

在收盤時，當日成交量僅
105張，漲停卻有5958張要買

盤後竟然有人賣133張

　　收盤時漲停委買的張數有5958張，但當天只成交238－133
＝105張（238是最後加上那133張才成為當天最後的成交量），
看這種比例，明天漲停都有可能了，買進絕對安全，所以有散戶
會想當天盤後掛單買買看。但14:30盤後成交133張，這奇怪的
地方在於：有人掛買很容易理解，可是133張是誰賣的呢？如果
是散戶，那盤中那麼長的時間為何不賣？再者，散戶排隊買都來
不及，哪個散戶會有那麼多張賣在盤後呢？顯而易見，賣的是主
力，買的是散戶，主力已人去樓空。

　　果不其然，隔天跳空開低，套牢前日買單，之後摜殺至跌
停。筆者開盤還抱一絲希望在平盤放空，希望有人傻傻地追買，
理由在於主力既然下定決心要賣，還設了一個圈套讓大家盤後買

再大倒貨，隔天想必是一去不回頭，絕對不會再拉高起來讓盤後這133張的冤主有機會獲利出，所以放空是非常安全的。

這篇的意旨除了讓讀者看出確實有主力這號人物外，也奉勸盤後想賺開高、買大量鎖漲停股票的人要小心多判斷（也不一定都不可買，只不過有價可賺的往往會買不到）。

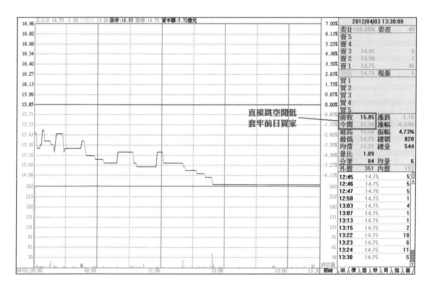

所以有人說大部分的人決定股價的走勢，即買的人多就會漲、賣的人多就會跌，這是錯的！主力只有一個人，賣了133張給很多人，結果很多人那方卻是輸的。

空軍的警戒

　　許多股票有平盤（昨日的收盤價）下不得放空的限制，而因為當沖操作要當日完成買與賣的動作，如果買進後股價跌落到平盤下，就賣不掉了。為了這個限制，當沖者應該有2/3以上的單都是先作空再俟低點買回（買回是任何點都可以買回），下面是作為空方時一個最常犯的錯誤，這裡特別提醒初學者。

　　當沖台股與期貨不同，必須要找到轉折作逆勢單以獲取夠大的利潤幅度，但是對於逆勢單的點位，初學者是很容易判斷錯誤的，其往往有一個錯誤的觀點，認為大量後就會造成轉折。特別大量、股價往上拉抬的時候，市場上都會觀注得到，這時除了主力的量外，有的散戶也會想追進，有的人想趁高出脫，這時去空是很危險的（當然也許馬上就是高點，但是我們不要去賭），市場上不是只有你看到大量想賣（空），同時也有很多空單進了場。目前市場的一個習慣是面對振盪時，空單會停損很快，但多單會抱得久一點（空單都會比多單短線），主力只要稍測一下賣壓，很快就拉到足以讓空單停損的位置。所以下一次看盤時如果遇到了那種非空不可的大量，太明顯的糖衣就是陷阱了。

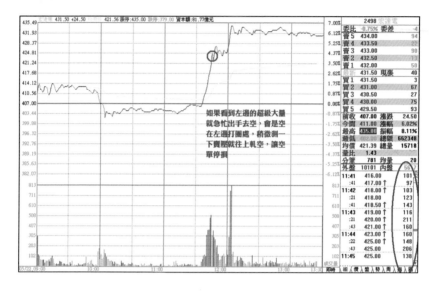

其實這張圖當天的情形是盤中傳出宏達電在海關被擋下的手機過關了，這種利多會讓原本呈低迷的股價立刻得到活水，量馬上爆開來，但有些人當下會想要反市場，別人搶買我就來逆勢作，這麼大量一定可以空。可是別忘了多單不見得是搶短的馬上就會形成賣壓，且股票還有主力在顧，既然有心人傳出這個訊息，那就不見得是玩假的，果然後來硬軋到漲停，讓空單停損。

所以要提醒大家作單時，真正的反市場不會是你很想出手的第一直覺、覺得可進場的點位，反而可以稍微多等、多觀察一下，雖然2498日後還是破了底、跌到350元以下，但是在當天進場當沖的空單卻是被軋得七葷八素，越是激情的行情，越要冷靜以待。

證所稅後

　　資本利得稅若付諸執行，則股市將開徵證所稅，目前所得稅法第14條之1已經有資本利得稅的概念在裡面，只是沒有落實，當初郭婉容被迫在各方壓力下停止證所稅的開徵，而暫時以證交稅來取代，以國際股市的交易成本來作比較，若復徵證所稅，那國內證交稅（千分之三）將來被降低的可能性不是不存在，這對於市場上高頻交易者不啻是利多。

　　台股時空背景不同，當初1988年宣布要開徵時，台股正創歷史新高，所有股市投資人均賺錢，一旦要課證所稅，的確是利空；如今散戶都賠錢，很少有人能被課到稅，就算被課到，也是高興有賺到錢。以前大股東與公司派是免稅時期的既得利益者，宣布課徵證所稅當然立刻攪壓造成輿情壓力（反正以後會漲回去），股市大跌散戶不敢接；現在台股有外資，大股東賣，外資會趁低買。媒體與資訊消息的釐清也不像從前，以前突然宣布開徵時，大家根本還分不清是對是錯就先遭到既得利益者的抵制；現在大家都可以透過媒體或網路，討論知道稅賦合理是良性的趨勢，不再把合理的稅制當成洪水猛獸。所以復徵證所稅，台股反應有限，且當沖高頻交易者賺的多半是券商的退傭，不是交易所得（筆者交易所得有時還是小負），證所稅並不會對當沖交易者有稅賦的考量。

筆者把未來政策理想化地試算一下如果將來降低證交稅，對於一個月交易量有一億（買五千萬、賣五千萬）的投資者，在開徵前與開徵後，其收益會差到近4萬，也就是目前你在現行制度下月成交量恰有一億，且折讓後只要技術能作到不輸不贏（不含交易成本還是要贏才行），制度一改，收入馬上增加4萬，聽起來是不是很值得練習呢？

　　以下筆者把這個數字如何求得計算給大家看。假如一個人月成交量是一億，手續費2折，而等手續費退回後不輸不贏，筆者以證所稅20%、0.15%交易稅（現行稅率減半）、成交量一億計算：

	手續費(0.001425)	證交稅(0.003賣時才收)
1億 （五千萬買，五千萬賣）	142500	150000 （0.15%，僅收一半）

其中退回八成的手續費，142500×0.8＝114000

　　如果不輸不贏，表示若不含任何交易成本，賺進價差為：
142500＋150000－114000＝178500（這部分是要收證所稅的）

　　開徵後，證交稅若交0.15%、證所稅收20%，原本不贏不輸的當沖客增加的收入：

178500－178500×0.2－142500×0.2－75000＝39300

　　當沖者只要在現行制度裡把技術練到不輸不贏，證交稅一旦調降，月成交量每一億可以為自己多增添近4萬的收入。

註

筆者是以證所稅針對價差不計手續費作保守估算，如果價差扣除券商手續費，那多增的收入會比筆者算得更高。此外，20%的證所稅率也是筆者預作高估，至於證交稅只要是降低，比例不論多寡，都會對收入有正面影響，讀者可以上面的方法來估算。

　　證交稅延革：本為0.15%，民國77年郭部長課證所稅未果，遂以證交稅替代，提高為0.6%，民國82年為活絡股市，降為0.3%至今。

↟ 證所稅議題對股市影響

　　民國77年9月24日從8813.75跌至5585.44，約36.6%，當時有跌幅限制，市場常講19根跌停，換成今日7%大約為7根，之後歷時8個月回到原起跌點。民國85年1月4日，立院通過復徵證所稅，1月5日大盤跌停未鎖（-6.74%），隔日上漲，歷時3個月回到起漲點，影響不若以往。

當沖
庶民經濟新行業
上班族

最後一頁隨書附贈的聚財點數100點如何使用？

聚財網是台灣知名財經網站，每天都有數十萬人次在聚財網上查資料及討論，
聚財網上有許多精彩的文章及功能需要使用聚財點數才能閱讀或使用，
講買本書的讀者，千萬不要浪費隨書附贈的聚財點數！

如果您非聚財網的會員，可以利用隨書附贈的聚財點數註冊成為會員，並開啟
聚財點數100點！

如果您已是聚財網會員，可以利用隨書附贈的聚財點數開啟聚財點數120點！

您還等什麼！現在就翻開最後一頁，並上聚財網開啟聚財點數吧！

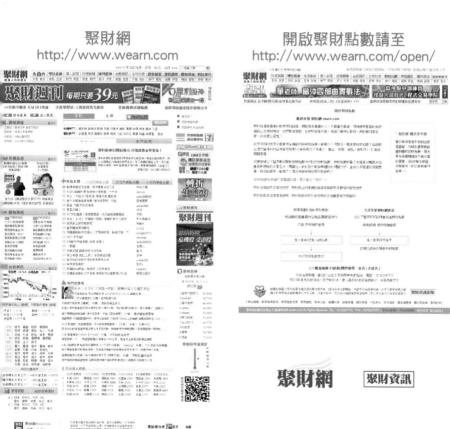

聚財網
http://www.wearn.com

開啟聚財點數請至
http://www.wearn.com/open/

若有任何問題，歡迎於台北上班時間與我們聯絡，電話：02-82287755
或利用意見服務信箱，我們收到後，會以最快的速度協助解決，非常感謝您！

聚財網叢書

國家圖書館出版品預行編目資料

當沖上班族：庶民經濟新行業 / 黃唯碩著. --初
版. -- 新北市：聚財資訊, 2012.08
　　面 ； 公分. --（聚財網叢書 ； A078）

ISBN 978-986-6366-48-2（平裝）

1.股票投資　2.投資技術　3.投資分析

563.53　　　　　　　　　　　　　　　1014012236

聚財網叢書　A078

當沖上班族：庶民經濟新行業

作　　　者　黃唯碩
總 編 輯　莊鳳玉
編　　校　高怡卿・黃筱瑋
設　　　計　陳媚鈴

出 版 者　聚財資訊股份有限公司
地　　址　23557 新北市中和區板南路653號18樓
電　　話　(02) 8228-7755
傳　　真　(02) 8228-7757

軟體提供　奇狐勝券分析系統

法律顧問　萬業法律事務所　湯明亮 律師

總 經 銷　聯合發行股份有限公司
地　　址　231 新北市新店區寶橋路235巷6弄6號2樓
電　　話　(02) 2917-8022
傳　　真　(02) 2915-6275
訂書專線　(02) 2917-8022

ISBN　978-986-6366-48-2
版　　次　2012年8月初版
定　　價　350 元